LA CUARTA VÍA

LA CUARTA VÍA

Mas alla de la fidelización del cliente.

Héctor Aguilar Uriarte

San Diego CA a 2 de Julio 2014

Para realizar pedidos de este libro, contacte con:
Palibrio
1663 Liberty Drive
Suite 200
Bloomington, IN 47403
Gratis desde EE. UU. al 877.407.5847
Gratis desde México al 01.800.288.2243
Gratis desde España al 900.866.949
Desde otro país al +1.812.671.9757
Fax: 01.812.355.1576
ventas@palibrio.com
705170

ÍNDICE

Créditos y agradecimiento

Agradecimiento ante todo a Dios con el todo sin el nada.

Adrián Rosas Torres. Artista plástico creador de la Portada.

Soco Aguilar Uriarte, Gina Ochoa, Ignacio Calderón y Mariana Martínez Esténs. Análisis del contenido de textos.

Luis María Huete. Por sus enseñanzas y autorización para compartir conocimientos suyos.

Dedicatoria

Este libro esta dedicado en especial a mis cuatro hijos, Regina, Juan Paulo, Lucca y Kristell.

PRÓLOGO

La mayor evolución del comercio que la humanidad ha presenciado ha sido en los últimos 200 años.

En los miles de años de la historia de la humanidad han sido necesarios tan solo 200 para que el MERCADO haya ocasionado un crecimiento del ingreso per cápita y del Producto Interno Bruto (PIB) de cada país. Mayor al crecimiento registrado en mas de 4000 años. Por mercado me refiero a cualquier conjunto de transacciones o acuerdos de intercambio de bienes o servicios entre individuos o asociaciones de individuos.

Es emocionante constatar que nosotros somos parte de una generación que ha tenido al oportunidad de vivir y disfrutar los avances tecnológicos, médicos y científicos mas importantes y de mayor trascendencia.

En los últimos 69 años el comercio y la manera de hacerlo ha evolucionado con estrategias y herramientas que en toda la historia de la humanidad jamás nos hubiéramos siquiera imaginado.

Producción en serie, estrategias de diferenciación, administración de todos nuestro recursos, marketing, diseño, creación de marcas, fidelización, comercio electrónico son solo algunas de las grandes columnas que han regido la evolución de nuestro comercio mundial en los últimos 200 años.

La pregunta es: ¿Y ahora qué sigue? Después de esta acelerada evolución en las formas de hacer negocios, muy pocos se hacen esta pregunta.

Por favor contestaste estas preguntas.

¿Piensas que ya lo has visto todo?

¿Qué no existirá una nueva tendencia comercial en el mercado?
¿Qué estas columnas son y serán las únicas?

Estoy seguro que estas preguntas han detonado en ti una clara aseveración sobre el siguiente paso del comercio.

La pregunta ahora entonces es: ¿Cuál es el cambio?

La Cuarta Vía es la respuesta.

La Cuarta Vía es la nueva tendencia del mercado, es un modelo de negocio exitoso y evolutivo, es pensar y cambiar los paradigmas que hasta el día de hoy nos han regido. Debemos entender que nuestro verdadero reto está en vender a nuestro costo o por debajo de el, a diferencia de lo que practicamos hoy en día, vender por arriba de nuestro costo buscando una utilidad directa en el producto que comercializamos.

El verdadero reto es romper el paradigma matemático con el que hemos crecido en nuestra vida.

2 + 2 =4 cuando en realidad 3-3 x 10 = 16,000. Lo que esta formula expresa, es nuestra antigua forma de ver los números es decir, compramos en 2 posteriormente incrementamos o indexamos nuestra utilidad esperada y eso nos da nuestro precio público, cuando en realidad el nuevo paradigma radica en comprar y vender por debajo del nuestro costo y retener a nuestro cliente por lo menos 10 años, eso nos llevara a utilidades y flujos de efectivo inimaginables.

Si **La Cuarta Vía** es el nuevo modelo de negocios que será recordado debido a sus dos grandes bases. Contratos a futuro y ventas por debajo de nuestro costo actual.

Ponte cómodo, por que inicias un viaje emocionante y enigmático que sin duda el rompimiento de tus paradigmas será el primer destino al que llegaras.

CAPÍTULO I

EVOLUCIÓN DEL MERCADO

Empecemos por entender el desarrollo y crecimiento que ha tenido el comercio en los últimos 200 años. Esta carrera desenfrenada inició a principios del siglo XIX y hasta la fecha nos condiciona y trastorna nuestros hábitos de consumo, nuestra percepción de las prioridades en la vida y la convivencia diaria en sociedad.

Ahora te pido que pienses en 4 cosas que actualmente tienes y utilizas y que sin ellas no podrías concebir tu subsistencia dentro de este modelo social actual.

Déjame adivinar…. sin temor a equivocarme esas 4 cosas son:

Teléfono celular multifuncional.
Computadora.
Internet y con ello todas las aplicaciones y utilidades de la misma.
Correo electrónico.

No en todos los casos pero sin duda otras podrían ser las redes sociales, televisores, automóviles.

En esta lista, ninguna las cosas enumeradas existía al inicio de esta carrera desenfrenada. Todas estas cosas que forman ahora parte fundamental de nuestra vida diaria han sido necesidades creadas después del siglo XX y sin las cuales ahora no podemos concebir nuestras existencia y nuestro diario quehacer.

Todos sabemos que el comercio es tan antiguo como la sociedad misma, sin embargo el verdadero inicio en esta explosión comercial llega a partir de 1820 con la revolución industrial incubada en Europa y que después en un período de tiempo relativamente corto se expande por todo el mundo.

La revolución Industrial vino a multiplicar el ingreso per cápita y lo que ahora conocemos como el Producto Interno Bruto (PIB). Estos indicadores se habían mantenido prácticamente inmóviles durante siglos. Como ejemplo tan solo en Estados Unidos, el PIB se triplicó de 1945 a 1980.

La Revolución Industrial nos vino a traer un cambio radical no solo en el mercado si no también en la creación de un nuevo modelo social de consumo ya que a partir de ese momento inicia una nueva era productiva buscando de manera desenfrenada el abastecimiento del mercado y la generación de necesidades de consumo.

En pocas palabras, la revolución industrial nos trajo INVENTARIOS que administrar, volumen en la producción, el adiós absoluto a la escasez de bienes. Todo esto trae como consecuencia la necesidad de aprender los conceptos básicos de la ADMINISTRACION. Inclusive a pesar de toda la evolución y conocimiento acumulado durante la historia de la humanidad, la llamada ciencia de la administración que hoy estudiamos en las universidades surgió a principios del siglo XX y sin duda fue un acontecimiento histórico, administrar nuestros recursos y comprender los efectos mágicos de la mano invisible de la economía basada en la oferta y demanda.

Es durante estos años cuando los empresarios inician una carrera de preparación continua buscando la conquista del mercado. La administración se convierte en la herramienta inicial con la que se cuenta en la etapa de crecimiento de producción.

Además, cabe señalar que en esta etapa la demanda era mayor a la oferta de bienes en el mercado, por lo que era fácil que el mercado absorbiera el inventario que se producía en esos tiempos.

Los empresarios de aquella época, entendieron que no era suficiente administrar sus recursos y bienes si no lograban la preferencia del consumidor y es así cuando nace la importancia del concepto de la DIFERENCIACION.

El concepto de DIFERENCIACION se basaba en lograr que los productos y los negocios se diferenciaran de la competencia, la principal arma para lograr este efecto fue el uso de los apellidos importantes que darían confianza al consumidor o de los colores e higiene en la exhibición de sus productos dentro de sus negocios. Es el momento en que las empresas se sustentaban por los apellidos en cualquiera de las ramas que comercializaran, estos son algunos ejemplos de los logos mas antiguos del mundo y notaras que su común denominador es basar el nombre del producto en apellidos.

Cervecería, Stella Artois, Fundador Sebastián Artois.
Cervecería, Bass, Fundador William Bass.
Salsa Ketchup, Heinz, Fundador Henry Heinz.
Productos médicos y de consumo, Johnson & Johnson.
Ropa, Levi Strauss, Fundador Claude Levi-Strauss.
Automóviles, Ford, Fundador Henry Ford.
Automóviles, Rolls Royce, fundador, Charles Stuar Rolls
Moda, Chanel, Fundadora, Gabrielle Bonheur Chanel (Coco Chanel)
Moda, Louis Vuiton, Fundador, Louis Vuitton.
Calzado, Salvatore Ferragamo, Fundador Salvatore Ferragamo.
Hotelería, Hilton, Fundador Conrad Hilton.
Hotelería, Ritz Carlton, Fundador César Ritz.

Sin lugar a dudas, estas dos herramientas ADMINISTRACIÓN Y DIFERENCIACIÓN fueron por mas de 80 años los dos grandes pilares del comercio, para beneficio del mercado.

Después caímos en una grande pausa en la evolución del comercio al servicio del mercado familiar. Desde 1914 hasta 1945 son las fechas que marcan el inicio y fin de la Primera y Segunda Guerra Mundial.

El motivo de haber caído en esta grande pausa comercial del mercado familiar fue debido a la reorientación de los esfuerzos productivos y dirigirlos al abastecimiento del mercado militar y de salud, es decir la mayor parte de las industrias instaladas en los principales países del mundo dejaron de producir bienes familiares para empezar a producir productos que alimentaban a la milicia y al sector salud, tales como uniformes, armamento, equipo medico entre otros. Al termino de las segunda guerra mundial el aparato productivo militar era tan grande y voraz que no podía frenarse sin causar una catástrofe de tamaños inimaginables en la economía de cada país, al dejar sin empleo a millones de hombres y mujeres que trabajaban en fabricas orientadas a la milicia y el sector salud. Es aquí cuando los países vencedores en la guerra deciden volver a vincular el aparato productivo militar a la producción de bienes y servicios para el consumo familiar, con el único fin de tratar de salvar millones de empleos.

La gran pregunta era, como lograrlo? Puesto que durante los 29 años que duraron las dos guerras mundiales, las familias aprendieron a vivir en una austeridad total.

A partir de esa gran incógnita y reto mundial, es cuando nace un jardín lleno de empresas dirigidas al consumo familiar, pero seguía la duda en el aire, ¿Cómo lograr que estas familias austeras se incorporen a un proceso de consumo continuo y sustentable?

Estas son algunas empresas creadas en esta época por los países triunfadores en la guerra.

SONY, 1945
FERRARI, 1947. Inicio de la construcción de los autos deportivos.
LAMBORGHINI, 1963
MC DONALDS, 1948
DISNEYLAND, 1955
MOBIL, 1955

En pocas palabras el 70% de las empresas mas grandes del mundo se crearon después del 1945 y las que se crearon antes logran su expansión y consolidación posterior al 1945.

Este es un listado de las empresas mas grandes del mundo en la actualidad.

1. Industrial and Comercial Bank of China
2. China Construction Bank

3. Agricultural Bank of China
4. JP Morgan Chase
5. Berkshire Hathaway
6. Exxon Mobil
7. General Electric
8. Wells Fargo Bank
9. Bank of China
10. Petro China
11. Royal Dutch Shell
12. Toyota Motor
13. Bank of America
14. HSBC
15. Apple
16. Citigroup
17. BP
18. Chevron
19. VW
20. Walmart

Como podrás ver la mayoría de estas empresas se crearon después de 1945.

Esta es la lista de las 25 empresas mas atractivas del mundo en inversión. Notarás que es el mismo efecto en este listado.

1. Google
2. EY
3. PwC
4. KPMG
5. Deloitte
6. Microsoft
7. Procter & Gamble
8. Goldman Sachs
9. Apple
10. JP Morgan
11. McKinsey & Company
12. L'Oréal Group
13. The Boston Consulting Group
14. BMW Group
15. Morgan Stanley

16. Sony
17. Bank of America Merrill Lynch
18. Deutsche Bank
19. LVMH
20. Nestlé
21. Unilever
22. IBM
23. Johnson & Johnson
24. The Coca-Cola Company
25. Bain & Company

Deseo ponerte estos cuatro pequeños e ilustrativos ejemplos para que puedas medir lo joven que es nuestro mercado y lo reciente de la carrera evolutiva del comercio.

o Apenas en 1888 nace el neumático inflable, gracias a John Dunlop.
o En el mismo año Bertha Benz es la primer mujer en viajar en un carruaje impulsado por un motor mecánico mono cilíndrico y no por caballos como se acostumbraba.
o En 1912 Inicia la fabricación en serie de los automóviles en Chicago, gracias a Henry Ford.
o La gasolina nace en 1911 descubierta por William Burton químico de la refinería de petróleo Stándard Oil. La extracción de gasolina del petróleo se convierte en una de las industrias mas grandes del planeta.

Hoy refinamos 30,000 millones de barriles crudo cada año.

A partir de 1945 han pasado solamente 69 años. Te pido ahora que por favor pongas mucha atención a la evolución que ha tenido el mercado en tan solo 69 años.

Un empresario que ahora tiene 89 años ha tenido que evolucionar más en su vida que lo que evolucionó TODO el mercado en más de 4,000 años. ¿Impactante, no es así?

Retomando la pregunta que formulé y no contesté, como lograr que estas familias austeras se incorporen a un proceso de consumo continuo y sustentable?

La respuesta es sencilla. Siguiendo con la evolución **PRODUCCION, ADMINISTRACION Y DIFERENCIANCION** en 1950 se presenta precisamente el concepto mas revolucionario en el comercio para la época: inicia el concepto del.

MARKETING

Había que mantener la planta productiva y lograr que el mercado absorbiera los inventarios, la pregunta obvia en ese momento era: ¿Como?

La respuesta no se dejo esperar mucho ya que en este año nace la magia de crear en los consumidores la sensación de necesidad de productos que no necesitaban en ese momento, aún mas cuando vivía el mercado una etapa de austeridad total.

Así fue que el marketing vino a ser nuestra **segunda revolución industrial** o lo que yo llamo **"la segunda vía,"** al incrementar de manera exponencial la demanda de productos de uso humano, obligándonos a olvidar nuestras practicas de ahorro y austeridad para darle la bienvenida a la acumulación de inventarios creyendo que era necesaria. Es en esta época cuando de tener un par de zapatos y un traje, nos hacen creer que se necesitaba un traje por cada temporada del año y zapatos para cada ocasión iniciando así una carrea frenética por consumir todas las cosas tan bonitas, llamativas y espectaculares que al mismo tiempo también eran innecesarias.

Posteriormente dentro de la misma carrera evolutiva, en la década de los setenta cuando nace la importancia del **DISEÑO.**

Todo era el diseño, recordaremos muchos de nosotros cuando éramos niños el termino hecho en Italia, eso era todo, no necesitábamos saber mas del producto, con saber que era un producto con diseño italiano vertíamos toda nuestra confianza y claro en este mismo momento de manera antagónica nace el mercado de las copias en las que los asiáticos eran los líderes en copias de mala calidad y claro como el mercado se encontraba en una gran confusión por los diseños originales italianos y las copias de mala calidad orientales es cuando nace la idea de diferenciar aun mas el mercado y ayudarlo a decidir por productos de alta calidad y respaldo, así es como se fortalece la importancia en el mercado de crear **MARCAS**. Así el mercado podía identificar de manera clara y objetiva los productos de alta calidad y diseño vs. las malas imitaciones que invadían día a día el mercado, El MKTG fue el arma secreta que consolidó esta tendencia ayudando y aportando en el consumidor la sensación de necesidad de los productos respaldados por la marca, creando así una idea por demás absurda en nuestro subconsciente que **la marca te marca.** En esta época inicia de la mano de las marcas los súper centros comerciales mejor conocidos como MALLS.

Haciendo una pequeña pausa, aquí podemos resumir que en los 130 años que llevamos hasta ahorita, la evolución se dio en **producción, administración, diferenciación, marketing, diseño y marcas.**

Es decir un empresario que deseara hasta este momento tener una participación del mercado debía conocer cada una de estas 6 etapas básicas del mercado.

Posterior a esto inicia una era cibernética en la cual todo queda al descubierto con la presencia del **INTERNET**, sin duda **la tercera revolución industrial**, o lo que yo llamo la tercera vía.

Los empresarios se dan cuenta que el mercado se volatilizara aún más puesto que la competencia ya no solo era el vecino de local, zona o centro comercial si no que en casa de cada uno de sus clientes existían un infinito número de empresas promoviendo sus productos sin la necesidad de desplazarse de su casa.

Dicho de otra manera llevamos hasta la casa todas las empresas que comercializan bienes y servicios para que el consumidor pueda seguir en su carrera consumista sin necesidad de salir de su casa.

Aunado a esto el mundo se encuentra sobre instalado, es decir, existen mas industrias y capacidad productiva en el mundo que clientes que absorban todo el inventario que se puede producir, eso ocasiona un cambio en la manera absoluta de la distribución y producción de los bienes. Como resultado ahora estamos con mayor oferta que demanda en cada uno de los productos. Es precisamente en esta etapa donde surge la

HÉCTOR AGUILAR URIARTE

tendencia que hasta la fecha es la que podemos identificar como la ultima tendencia en el comercio. Me refiero a la **FIDELIZACIÓN** del cliente.

Los empresarios al darse cuenta que no solo corrían peligro con la competencia en su área de influencia optaron por adoptar una nueva tendencia que sin duda ha generado grandes beneficios.

Me permito comentarles que el artífice de este movimiento fue un maestro mío en el IESE a quien hasta la fecha le reconozco y admiro su impecable aportación al mercado: Luis María Huete y su libro Servicios y Beneficios.

¿Qué es fidelización?

Cito literalmente la definición del libro servicios y beneficios.

La fidelización de clientes tiene dos dimensiones: una subjetiva y la otra objetiva. La primera se centra en establecer un vinculo de tipo emocional entre el cliente y la empresa. Se trata de predisponer a los clientes a favor de la compañía; de que sientan bien a la empresa. Por otro lado la dimensión objetiva, pone los pies en el suelo. Esta relacionada con el perfil de comportamiento del cliente, con lo observable, lo medible y lo objetivable. Por ejemplo, la cuota de bolsillo del cliente: la proporción de gasto de un determinado renglón que realiza con la empresa.

Ahora podemos ver por todos lados programas de fidelización de todo tipo, líneas aéreas, hotelería, zapaterías, etc. Sin duda, el fidelizar al cliente ayudo a los empresarios a mantener lo mas posible a sus clientes de manera cautiva.

La fidelización del cliente ayudo a las marcas a mantener la fidelidad con cada uno de ellos sin embargo en esta vorágine cada día mas empresas tienen el modelo de fidelización y eso ocasiona que el paradigma vuelva a 0 y estamos a la puerta de este fin de era de fidelización.

Las preguntas que deseo te hagas son las siguientes.

¿Has notado que en tan solo 194 años el mercado ha evolucionado más que en toda la historia de la humanidad?

¿Notaste que en términos generales en 194 años podemos identificar por lo menos 8 movimiento claros para la conquista del mercado?

¿Has notado que en los últimos 69 años es donde se registra el mayor crecimiento en la estrategia de cautivar al mercado por parte de los empresarios y por ende el mayor crecimiento en el producto interno bruto de cada país participante en esta tendencia?

Imagino que estarás hasta este punto de acuerdo conmigo en como ha evolucionado el mercado, te pido me respondas esta ultimas preguntas.

¿Piensas que lo hemos visto todo y no hay nada más que ver?

Imagino que tu respuesta es NO. Sabes que algo viene, nuevas tendencias, nuevos modelos de negocio.......

Entonces te pregunto.

¿Y ahora qué? ¿Cuál es la nueva tendencia del mercado? ¿Hacia dónde se orientará el mercado?

La Cuarta Vía, es la respuesta a estas interrogantes.

CAPÍTULO II

PARÁLISIS PARADIGMATICA

Este capítulo considero que es sin duda el más emocionante, puesto que requiere una apertura interna para romper con todo lo que hemos aprendido durante toda nuestra vida.

Trata de ver este capítulo con una apertura total, evita referirte a lo que ya conoces, trata de escribir en tu pizarrón totalmente limpio, eso te ayudara a comprender y potencializar mas este modelo de negocio.

Desde niños y conforme fuimos creciendo nos enseñaron la siguiente formula 2 + 2 = 4 y claro nos la enseñaron de muchas maneras tanto teóricas como prácticas con manzanas o canicas. De ahí se derivan los principios básicos de la administración.

Hasta el día de hoy entendemos que si compramos un producto a \$2 y lo vendemos a \$ 4 nuestra utilidad bruta será de \$2.

Este es nuestro paradigma matemático de los negocios, siempre vender por arriba del costo para tener beneficios tangibles. No solo en casa aprendimos este paradigma, lo reforzamos en la escuela día a día, desde la matemáticas mas elementales hasta los mas complejos libros de administración y economía que sostienen este paradigma matemático.

Si estudiaste administración, economía o alguna carrera basada en números del mercado, te darás cuenta que bajo este paradigma se derivan múltiples conocimientos para maximizar nuestros beneficios, todas las clases, todos los libros hablan de lo mismo, de manera mas sofisticada pero al final el paradigma sigue persistiendo. Mientras más profundizamos en los conocimientos administrativos mas aprendemos el paradigma y como subsistir bajo éste en el mercado actual pero insisto siempre partiendo de la base de 2 + 2 = 4

¿Que pasaría si te afirmara que vendiendo a tu costo o por debajo de el puedes mejorar 8 veces tus beneficios?

¿Que pasaría si te digo que la nueva formula matemática de La Cuarta Vía se basa en vender a nuestro costo o incluso por debajo de el y tener resultados sorprendentemente mayores a los que obtendrás bajo el paradigma matemático?

¿Te gusta o te asusta? O peor aún… ¿Lo niegas?

Ahí está el paradigma presente. Te invito a abrirte para poder entender este modelo que sin duda revolucionará el mercado en este siglo XXI.

Permíteme expresarte algunos ejemplos y conceptos que sin duda te serán de gran ayuda para adaptarte a este cambio de paradigma.

Siempre que se presentan nuevos senderos por recorrer nos surge una fuerte frustración, un miedo al cambio, nos implica salirnos de nuestra zona cómoda y eso en ocasiones es pedir demasiado y no acéptanos ni adoptamos ese cambio.

Es por ello que debemos identificar y entender que existe una claro equilibrio en la personalidad de cada uno de nosotros, unos nacimos para ser pioneros y otro para ser colonos. La diferencia básicamente entre el pionero y el colono es que cuando el colono llega pregunta si existe algún riesgo y el que responde siempre es el pionero que llego antes y le dice, no hay ningún riesgo. La resistencia que se presenta en los colonos es debido a 3 aspectos fundamentales:

1) Riesgo a lo desconocido y al cambio.
2) Falta de información y datos que le permitan tomar una decisión debido al poco caso que le da a su intuición, a diferencia del pionero que se guía por la intuición.
3) Incomodidad al dejar la zona de confort para entrar en una totalmente desconocida.

El pionero a su vez tiene 5 características fundamentales:

1) Tiene y mantiene una mente abierta.
2) Supera continuamente sus limitaciones, saliendo de su zona cómoda frecuentemente.
3) Rompe sus propias reglas de éxito del pasado.
4) Genera continuamente nuevos hábitos, rompiendo los anteriores.
5) Controla su miedo al fracaso.

El pionero debe tener INTUICIÓN + CORAJE + COMPROMISO CON EL TIEMPO. Tres aspectos que el colono no está dispuesto a otorgar.

Sin duda podemos resumir que el pionero es arriesgado mientras que el colono es el sensato.

La capacidad de tomar decisiones acertadas con poca información, es una característica muy propia del pionero, mientras que para el colono los datos que obtenga jamás serán suficientes y buscará siempre la manera de tener mapas detallados para tomar una decisión sin riesgo. La intuición es la respuesta y diferencia entre estos dos grandes personajes de nuestra historia.

Voy a ser más claro aún y te pondré un claro ejemplo entre un Colono y un Pionero.

Las pantallas planas. Sin lugar a dudas son uno de los productos mas atractivos y deseados en el mercado y con un desarrollo tecnológico que muestra no tener fin, además este nicho de mercado esta valorado en miles de millones de dólares. Sharp fue la primera empresa en Japón que produjo y vendió las pantallas planas y hoy en día las empresas japonesas son las líderes y dueñas absolutas de este mercado. Lo sorprendente es que el registro de tecnología de las pantallas planas nace en Pittsburgh Pensilvania, EEUU en 1970 y no existió ninguna empresa americana que estuviera dispuesta a invertir tiempo y dinero en desarrollar esta tecnología, así que los japoneses fueron los que adquirieron las patentes y comprometieron tiempo y dinero con todos los riesgos que involucraba el proyecto pero confiando en su intuición el tiempo les dio la razón, como todos unos grandes pioneros.

Te deseo obsequiar otro ejemplo más.

Estamos muy familiarizados con la expresión KAIZEN. Significa mejora continua y para los japoneses es toda una filosofía KAIZEN KAIZEN KAIZEN. Mejora poco a poco día a día, es una filosofía de mejora continua. Todos nosotros identificamos esta filosofía con los japoneses, sin embargo el concepto de calidad total nació en los Estados Unidos y fue Japón quien lo llevó a cabo.

Te pondré algunos ejemplos de pioneros y productos que han cambiado el paradigma de nuestras vidas.

Thomas Watson. IBM
Akio Morita. SONY
Sam Walton. WALMART
Fred Smith. FEDEX
Steve Jobs. MAC, Iphone, Ipod, Ipad
Charles Goodyear. Caucho vulcanizado
George Eastman. KODAK
Alexandre Graham Bell. Teléfono
Chester Carlson. XEROX
Edwin Land. POLAROID
Jack Kilby. Circuitos Electrónicos integrados
Mark Zuckerberg. FACEBOOK
William Clan. Producción en serie automotriz
Ray Kroc. Mc Donald´s
Walter Elias Disney. DISNEY

Algunos ejemplos de productos que han cambiado nuestro paradigma diario.

Horno de microondas
Teléfono.
Teléfono celular inteligente multi funcional
Discos Compactos (CD)
Máquina de fax
Máquina copiadora
Computadora
Televisores

HÉCTOR AGUILAR URIARTE

Impresoras
IPod

Solo te pido que hagas este ejercicio.

Cuando nuestra generación tenía 10 años de edad, a finales de los años setenta, principio de los años ochenta pensar en que existiría un teléfono celular era francamente impensable y aún, mas impensable era que este teléfono nos abriría el mundo y nos pondría en nuestras manos, música, correspondencia, videojuegos, redes sociales, telefonía gratuita cara a cara, clima, despertador, cámara fotográfica, cámara de video, videos, televisión, control de cámaras en negocios, mensajería gratuita las 24 horas, brújula, GPS (bueno ni siquiera sabíamos que era el GPS) programas de ejercicios, acceso a bancos y depósitos, compra de boletos de avión, etc.

El que nos hubiera dicho esto, créeme que cualquiera de nosotros lo veríamos como una película de ciencia ficción, increíblemente atractiva pero lejana. Lo curioso es que es mas fácil entender este nuevo modelo de negocio que todo lo que nuestro teléfono celular tiene hoy en día.

¿Qué es una parálisis paradigmática?

Empecemos por definir que es un paradigma.

El concepto paradigma se deriva del griego parádeigma, y se utiliza en la vida como ejemplo o modelo. Sin embargo, a partir de los años 60, la interpretación de la palabra se amplia y se fortalece y entonces la palabra paradigma empieza a ser usada como vocabulario común en nuestros tiempos refiriéndose a modelos o patrones a seguir.

Como ejemplo, la palabra Versace es un paradigma para muchos diseñadores de moda.

Entendiendo el termino de paradigma, profundicemos en la expresión parálisis paradigmática.

Esta definición que a continuación expreso, es la definición mas recurrente en los diccionarios de internet.

Parálisis Paradigmática, consiste en un síndrome que posen ciertas personas al considerar sus creencias como totalmente ciertas y por ende se resisten a cambiar su perspectiva sobre las mismas.

En pocas palabras, es una enfermedad muy frecuente en empresarios e instituciones donde el crecimiento de la misma esta en manos de directivos incapaces de ver mas allá del mundo que actualmente conocen y alaban.

El verdadero significado del éxito empresarial es el entender que la generación de valor se logra gracias a la apertura y capacidad de adaptación al mercado.

Siempre he pensado que en esta vida hay 3 tipos de personas, las primeras y las mas admirables en mi opinión, hacen que las cosas sucedan, las segundas son personas muy inteligentes y estudiosas del entorno que analizan todo lo que sucede para tomar decisiones dentro de la empresa y las terceras son las personas que se preguntan siempre: ¿Qué fue lo que pasó? Y viven siempre en una profunda crisis e incomprensión al mercado.

Este libro lo he escrito para las personas y empresarios con una mente abierta al cambio y optimistas de encontrar siempre la mejor manera de mejorar su empresa.

Así que aquí me despido de todos aquellos que tienen una parálisis paradigmática y le doy la bienvenida a un mundo nuevo a todos aquellos que les gusta por lo menos explorar los terrenos mas inhóspitos y amenazantes.

¿Eres tú un empresario con parálisis paradigmática?

¿Eres un pionero o un colono en la aplicación de tendencias para tu compañía?

¿Identificas las oportunidades cuando aun son teoría o las ves como una amenaza?

¿Eres el perfil de empresario que aplica los cambios cuando vio que al resto del mundo le dio resultado?

¿O tomas riesgos en la aplicación de estrategias aun sin ver claro el resultado final?

CAPÍTULO III

LA CUARTA VÍA

¿Qué es La Cuarta Vía?

¿Qué es este modelo (de negocios o de hacer negocios) que revolucionará al mundo?

Recapitulando un poco nuestro libro recordamos que la primer revolución o La Primer Vía, fue la industrial en 1820, La Segunda Vía se presenta en 1950 con la omnipresencia tanto del estudio como de la aplicación de la mercadotecnia, La Tercera Vía es sin duda la aparición y aplicación de e-commerce en nuestras vidas.

La Cuarta Vía es precisamente esta cuarta revolución del comercio basada en un concepto básico que considero será la nueva tendencia del mercado, Las personas buscaran agruparse y pertenecer a un grupo con el que mas afinidad sientan en lo que para ellos definirán como sus prioridades, dándole importancia a satisfacer un sentido de pertenencia y la herramienta que ayudara a que esto se consolide será sin duda los contratos a futuro y venta de productos y servicios por debajo del costo, esto impactara de manera contundente con ventajas y beneficios nunca antes aplicados a la forma de hacer negocios y por consiguiente al mercado.

La Cuarta Vía es el único modelo actual que rompe paradigmas y que sustenta sus resultados con fórmulas matemáticas simples, para muestra basta solo un botón. Te invito que vayas a la librería y busques libros de negocios actuales, te darás cuenta que todos están escritos dentro del mismo marco de referencia y con mismo paradigma que actualmente jugamos. La Cuarta Vía es un modelo que viene a romper y proponer formas nuevas de hacer negocios incrementando los beneficios tangibles tanto para el consumidor como para la empresa.

Es un cambio radial en la manera de pensar y hacer empresa en el mundo. Dentro de esta gran obra de arte que es el comercio. La Cuarta Vía es sin duda la nueva tendencia que todos debemos aplicar en cada una de nuestras áreas de empresa.

Recuerdo en un seminario con el futurólogo inglés, Joel Barker haber escuchado esto que ahora escribo y que ejemplifica lo que es La Cuarta Vía.

Iba una señor manejando su carro por un sendero sinuoso y poco estable, lleno de sembradíos y arboles, en eso sale de la curva un carro conducido por una mujer derrapando pasa junto al carro del señor y le grita, ¡Cerdo!

El señor molesto y alterado, le grita, ¡Vaca! Pensado, como se atrevía a decirle así, ¿Quién se cree que es esa señora?. Al salir de la curva el señor, se estrello con un Cerdo, la señora no lo estaba ofendiendo, le estaba advirtiendo de los obstáculos del camino más adelante, sin embargo, él interpreto el grito como una ofensa a su persona y no como una advertencia. La Cuarta Vía es una clara advertencia de lo que encontrarás mas adelante en el camino.

La manera mas clara para explicar este modelo es comprender que es posible incrementar las ventas, las utilidades y la liquidez vendiéndoles a los mismos clientes el mismo producto a menor precio y por consecuencia, incrementar la lealtad y satisfacción total de los clientes hacia nosotros, generando lo que yo llamaría enlaces comerciales a largo plazo.

La Cuarta Vía es el modelo de negocios y el instrumento para implementarlo en nuestras empresas se llama Bleu Key. Esta es una marca registrada que he creado para poder aterrizar este modelo, el objetivo es que el mercado identifique clara y fácilmente una marca que respalde a cada una de las empresas promotoras de este modelo.

Bleu Key es entonces la forma práctica, aterrizada y ejecutable de lo que es el modelo de negocios La Cuarta Vía. Bleu Key es una certificación disponible para las empresas que desean aplicar este modelo de negocios.

De este punto en adelante cuando hablemos de La Cuarta Vía hablaremos del modelo de negocio o la tendencia a adoptar en el mercado y cuando hablemos de Bleu Key, estamos hablando del modelo aterrizado a cada una de las empresas interesadas en incorporar este modelo, siendo esta marca la imagen comercial hacia el cliente.

Aclarado esto, continuemos con el modelo de negocios de La Cuarta Vía.

Este modelo o enlace comercial a largo plazo está basado en dos pilares fundamentales.

1   CONFIANZA
2   GENERACIÓN DE VALOR AL CLIENTE.

Sin estos dos pilares es imposible implementar el modelo de La Cuarta Vía en nuestra empresa, así que empieza por preguntarte: ¿Cuál es el nivel de confianza del consumidor a tu empresa? Esa es la primera pregunta que tienes que despejar en tu cabeza, ¿Qué tan sensible es la lealtad de tu cliente?, ¿qué tan comprometido está tu cliente contigo?.

Soy tan enfático en esto por que ése el primer objetivo, CONFIANZA. El que nuestro cliente desee comprometer su lealtad con nosotros por los próximos 5 a 10 años. En el pilar de la CONFIANZA es donde pondremos la primer fase de nuestro modelo de negocio y que deberá resultar en una relación a largo plazo.

Sin lugar a dudas, este modelo de negocio depende al 100% de la confianza, es fundamental, es el instrumento y materia prima para lograr el éxito.

En un indicador que sin duda debemos medir en nuestros clientes internos y externos para saber si tendremos éxito.

Debes de contar con un prestigio personal, de empresa y de equipo de trabajo, tu personal debe creer en ti y en el proyecto como tú en ellos. Tu cliente debe creer en todo lo que tu representas por que la primer duda que salta en el pensamiento de los clientes es, el nivel de confianza hacia ti y tu empresa.

Para que este modelo sea exitoso necesitamos tener la confianza al 100% del consumidor ya que sin ella no llegaremos a ningún lugar y por consiguiente el modelo de La Cuarta Vía sea imposible de implementar.

La confianza es una hipótesis sobre la conducta futura del otro. Es una actitud que concierne al futuro, en la medida en que este futuro depende de la acción de un otro. Es una especie de apuesta que consiste en no inquietarse del no-control del otro y del tiempo.

Para poder determinar este nivel de confianza te sugiero adquirir el libro Servicios y Beneficios, de Luis María Huete. Este libro te ayudara a aplicar modelos para conocer el nivel de lealtad de tus clientes. Luis María Huete fue maestro mío en la escuela de negocios de la universidad de Navarra (IESE) en el seminario de Clienting, economías de lealtad.

Me permito darte una pequeña herramienta extraída de este libro.

TABLA DE CLASIFICACION DE NUESTROS CLIENTES.

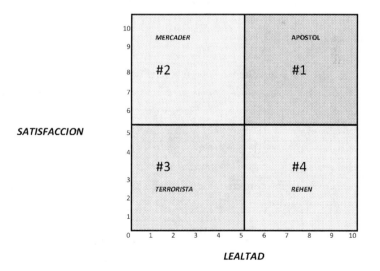

Entendemos **Satisfacción** como el nivel de aprobación de los clientes a los bienes o servicios que ofrecemos y entendemos **Lealtad** como el nivel de fidelidad que tiene un cliente hacia nuestro bien o servicio.

Entendiendo esto podemos ejemplificar claramente los 4 tipos de clientes.

Clientes con alta calificación tanto en Satisfacción y como en Lealtad son los clientes que llamamos **Apóstoles.** Estos clientes no solo consumen nuestros bienes y servicios, si no además se encargan de difundir y darle publicidad positiva a nuestra empresa generándonos nuevos clientes. Todas las empresas queremos y tenemos clientes de este tipo, pero por desgracia no los identificamos y menos sabemos tratarlos y orientar su fidelidad y satisfacción.

El segundo grupo de clientes son aquellos con una alta calificación en Satisfacción y una baja calificación en fidelidad. Esto los coloca en un cuadrante que llamaremos **Mercaderes.** Estos clientes son sin duda una mayoría en nuestras empresas, clientes que se mueven en función a promociones y ofertas, la fidelidad que tienen es únicamente para su cartera, los ahorros es su único motivador por lo que podrás hacer campañas grandiosas y muy completas, pero si no incorporas descuentos, promociones y ofertas no contarás con su lealtad. Sin embargo son clientes con una posibilidad alta de convertirlos en Apóstoles con las acciones necesarias que a ellos les satisfagan.

El tercer grupo de clientes son aquellos que tienen una baja calificación en Satisfacción y una alta calificación en Lealtad, a este tipo de clientes les llamaremos **Rehenes.** Tristemente a este grupo de clientes no sabemos servirles y mucho menos conocemos lo que para ellos es importante, sin embargo necesitan, o son fanáticos de nuestros productos un ejemplo claro de este tipo de clientes es la renta de la telefonía celular o de Nextel. No creo que sea necesario poner mas ejemplos que estos.

El cuarto y ultimo grupo son los clientes que su calificación en Satisfacción es baja así como la de la Lealtad y es por ello que a este grupo de clientes le damos el nombre muy bien ganado de

Terroristas, este grupo de clientes son aquellos que preferiríamos no tener y otorgárselos a nuestra competencia. Son los clásicos clientes que cuando llegan a nuestro negocio suplicamos a Dios que todo salga bien y se vayan rápido. Ellos son difíciles de complacer, buscan el pelo en la sopa y tratan de generar conflicto donde no lo hay.

Habiendo dicho esto, ahora haz tu propio ejercicio con esta grafica. Mide a cada uno de tus clientes y colócalo en la zona que le corresponde, de esta manera podrás saber el porcentaje que tienes de CONFIANZA en tus clientes. Evidentemente el modelo de La Cuarta Vía, está estructurado para trabajar únicamente con los clientes que estén en el primer cuadrante, es decir clientes con una alta calificación en satisfacción y lealtad, llamados clientes Apóstoles. Con ellos son con los que iniciaremos el modelo de negocio Bleu Key.

Pasemos ahora a el segundo pilar, el de GENERACIÓN DE VALOR AL CLIENTE, se logra mediante dos acciones de la empresa:

1) Comprometernos a vender a nuestro costo o incluso debajo del mismo, congelándolo por lo menos 5 o 10 años.
2) Canalizar el presupuesto de MKTG en acciones directas a nuestros clientes integrados a este programa.

La Cuarta Vía tiene como finalidad principal, comprometer la lealtad de tu cliente a 10 años, dándole a cambio 3 beneficios:

1) Venderle a nuestro costo
2) Congelar el precio de nuestro producto o servicio
3) Recibir beneficios tangibles y medibles basados en el presupuesto que MKTG de este modelo.

El beneficio para la empresa será el de incrementar el flujo de efectivo a mas del 1000 % incrementando así tus utilidades a mas del doble cualquiera que sea tu resultado anual, reorientar tu inversión en MKTG dirigiendo de manera directa los beneficios a tus clientes. Lo realmente paradigmático es que esto lo lograrás vendiendo tus bienes o servicios al costo real o incluso menor a tu costo.

No te detengas ahora si esto te suena descabellado. Por favor sigue leyendo para poder así aclarar cada una de tus dudas.

Después de que hemos entendido los dos grandes pilares del modelo ahora deseo compartirte algo que sin duda tú ya conoces, actualmente todas las empresas del mundo buscan dos cosas.

1) Incrementar ventas y participación en el mercado.
2) Mejorar los beneficios de la empresa.

Y claro la respuesta a estas dos estrategias súper empresariales se resume en: Captar más clientes y venderles más, Crear estrategias de diferenciación para poder incrementar precios y busca todas las alternativas posibles para disminuir costos.

Está claro que hoy en día se hace cada vez mas sofisticada la enseñanza de estos tres puntos en las universidades, pero no te compliques, al quitar todo el betún del pastel son los 3 únicos indicadores con lo que has podido jugar para estar dentro del tablero de juego.

Debo decir que ya existen empresas en la actualidad que entienden que mientras más este el precio del producto cercano al costo más lealtad tendrás del consumidor tal es el ejemplo de COSTCO que ha respetado su filosofía de incrementar solo un porcentaje mínimo sobre el costo adquirido del producto y el consumidor se siente cómodo al ver tan transparente el margen de utilidad de la empresa. Por otro lado tenemos también el ejemplo de empresas como HP Hewlett Packard, que en muchos de sus productos salen a la venta al costo o incluso por debajo del mismo, debo señalar que en este caso especifico no lo hacen por que conozcan el poder del modelo de La Cuarta Vía, si no mas bien identifican y orientan sus estrategias a la ventas de insumos y no del producto en si, es decir, las impresoras HP nos cuestan mucho menos de lo que cuesta producirlas, pero sus repuestos (entiéndase cartuchos de tinta) son estratosféricamente caros en comparación de su costo de producción, un juego de cartuchos de tinta puede costar lo mismo que una impresora y eso es irónicamente ilógico.

Ahora bien, si analizamos los modelos de fidelización se basan en que es mucho mas caro obtener un cliente nuevo que retener al que ya tienes y eso es una realidad. Está comprobado que el costo de captar clientes nuevos es por lo menos 3 veces mas alto que el costo por retener al cliente que ya tienes. Sin embargo ese deseo de retenerlos nos ha llevado a recibir en nuestro correo kilos de papelería innecesaria además que nuestras carteras que ya están al tope con tarjetas de fidelización de aerolíneas, tiendas departamentales, hoteles y todo tipo de empresa que la primera acción que hacen para retenernos es emitir una tarjeta de fidelización y no la critico es solo que hemos llegado al punto que entre contraseñas y tarjetas de fidelización necesitamos a una secretaria personal para poder usarlas.

Es de verdad emocionante pensar que la propuesta de La Cuarta Vía está muy lejos de lo que acabamos de leer. La Cuarta Vía propone incrementar ventas y beneficios, cuidando a los clientes que tenemos vendiéndoles nuestros productos a nuestro costo y orientando nuestro presupuesto de MKTG en acciones que generen valor agregado en cada uno de nuestros clientes participantes en este modelo de negocio.

Se que suena irónico pensar que bajar los precios sea una propuesta viable para mejorar tus utilidades sin modificar tus egresos y sin duda lo es.

Hoy en día gastamos mucho dinero en mercadotecnia para captar clientes nuevos y para fidelizarlos sin embargo nada de eso nos garantiza la permanencia en el mercado puesto que dependemos de manera abrupta de los cambios de paradigmas en el consumo.

Para explicarme mejor… Vamos a pensar que nosotros somos los productores de los mejores equipos de sonido estereofónico para casa, lo que llamamos mini componentes, y claro hacemos todo lo necesario para consolidar nuestra empresa utilizando todas y cada una de las estrategias y herramientas disponibles hoy en día. Generamos campañas de marketing exitosas y adecuadas para generar clientes nuevos así como estrategias de fidelización para que los consumidores que tenemos actualmente no se nos vayan, cuidamos nuestros gastos y tenemos una empresa altamente eficiente, un diseño inmejorable, nuestra marca goza de popularidad en el mercado, una distribución envidiable etc. Hermosas las mañanas hasta que un día a una empresa se le ocurre sacar al mercado el IPOD.

Guarda silencio y piensa…

¿Quién querrá comprar un mini componente cuando ahora puedes tener 300 discos compactos en la palma de tu mano?

¿Cuántas casas conoces ahora con mini componentes?

Eso es lo que llamo un cambio en el paradigma del consumo.

Desafortunadamente, el dueño de esta empresa de minicomponentes en la noche se acostó con una profunda emoción y orgullo de ser un empresario exitoso y ordenado al respetar todas y cada una de las reglas del mercado y la evolución del mismo, sin embargo amaneció con un profundo dolor y depresión al darse cuenta que el valor de su empresa se fue a ceros al aparecer el IPod. Muy probablemente fue tomado por sorpresa y no tuvo el tiempo de hacer algún ajuste previo o posterior al este hecho.

Otro caso sin duda igual de impactante y que con seguridad recordaras es el caso de los Walkman de SONY, que fueron su producto líder e insignia para SONY por mucho tiempo hasta que llego el Ipod. ¿Quién se acuerda hoy en día de los walkman?

La triste realidad es que todos corremos el riesgo de que esta vulnerabilidad afecte a nuestros bienes o servicios y que aparezca algún producto o servicio tan innovador que cambie el paradigma de consumo.

La cuarta Vía es un modelo de comercialización y Bleu Key, la membresía que podrán adquirir sólo tus clientes **Apóstoles**, para comercializar tus productos o servicios con un acuerdo a largo plazo. Donde las dos partes salen beneficiadas de manera importante. El cliente saldrá beneficiado comprando y garantizando su abasto a 10 años con un precio costo de su proveedor lo cual puede significar desde un 40 % hasta un 70% menos del precio actual y congelarlo durante la vigencia del enlace comercial, además recibirá beneficios directos por la reorientación de la manera de ejercer el presupuesto de MKTG.

La empresa se beneficiará teniendo la lealtad de su cliente comprometida los próximos 10 años. Además, a partir del segundo año verá incrementada de manera sustancial y fuera de proporción la liquidez, puesto que recibirá el presupuesto de consumo de sus clientes a 10 años.

Tengo una hermana que al leer el libro y platicando con ella sobre este modelo de negocios, me hizo una reflexión que deseo compartir.

Ella pudo digerir este modelo de negocios desde un enfoque totalmente diferente pero no por ello menos válido. Eso es lo maravilloso de este modelo, que aunque no seas un erudito en la materia de administración de empresas o economía, puedas entender y aplicar los principios básicos del modelo en cualquier área de tu vida.

Me comentaba mi hermana, Héctor ya entendí el modelo, es exactamente igual que una relación en pareja, Si no tienes un compromiso con tu pareja y un plan de vida sin importar el plazo difícilmente se puede construir una relación sólida, aún peor, si tu pareja amenaza en salirse de la relación cada vez que vengan momentos difíciles o que la competencia, tenga aspectos que quizás yo no tenga, esto en lugar de fortalecer la relación la aniquila. Es imposible poder pensar en armar un viaje en un par de años cuando ni siquiera sabes si estarás aún con tu pareja. Se necesita un compromiso en el tiempo para desarrollarte como persona y pareja. El compromiso es sin duda alguna un elemento fundamental generador de confianza para el logro de objetivos y metas planeadas en el tiempo.

No puedo explicar de mejor manera el modelo de negocio. Así es, teniendo el compromiso de la lealtad de tu clientes a un plazo establecido, te da la tranquilidad de conquistarlo día a día y de planificar mejor a mediano y largo plazo y claro al cliente, disfrutar de los beneficios que antes no tenia.

Ahora si, después de que vimos los dos pilares, los dos deseos principales de cualquier empresa, y el extraordinario ejemplo que aprendí de mi hermana. Vamos a empezar a adentrarnos mas en el modelo de **La Cuarta Vía** y explicar mas el funcionamiento.

Espero que a estas alturas en el libro ya haya quedado claro que lo primero que tenemos que hacer es determinar cuantos clientes nuestros con nombre y apellido tienen la CONFIANZA en nuestra empresa y nuestros productos, a estos clientes les llamaremos Apóstoles. Este grupo será el primer grupo que integraremos a nuestro modelo Bleu Key y me permito repetir, Bleu Key es el nombre y marca oficial para la aplicación y certificación del modelo de negocios La Cuarta Vía.

El segundo paso será desarrollar la estrategia de la membresía Bleu Key para el grupo de clientes identificados como los Apóstoles. Dentro de esta etapa existen 3 maravillosos controladores, importantes con los que podrás ajustar tus flujos y beneficios.

1) **Valor de acceso al club BK**. Este es el valor que le darás a tu membresía Bleu Key. Nuestro clientes Apóstoles saben perfectamente que los beneficios nuestro ya no estarán en la venta del producto por lo que si desean pertenecer a este selecto grupo de compradores al mayoreo con valores a costo tendrán que pagar el costo por los derechos de esta membresía. Esta membresía es vitalicia, solo se paga una vez y es hereditaria y transferible. Este valor puede oscilar dependiendo de tu estrategia desde los $400 hasta los $ 1,500 USD por membresía.

2) **Mantenimiento de la membresía.** Este monto puedes cobrarlo de manera anual, como un valor por el mantenimiento y permanencia de la membresía, en la cual tu cliente (socio) debe de pagar ese monto anual si desea seguir recibiendo los beneficios que recibe hasta el momento. Es fácil que el cliente lo entienda por que el estará enterado que el valor al que le vendes es tu costo y que la única manera de darle ese servicio es cobrándole su parte proporcional del mismo. Otra manera de cobrar este accesorio es mensualmente, se lo divides entre 12 meses y se lo incluyes en la cuota que le cargas mes a mes en el caso de haberlo financiado.

3) **Tasa de interés.** Es posible que muchos de tus clientes (socios) no cuenten con los recursos para poder hacerte la pre compra de contado, es por ello que dentro del modelo se considera la alternativa de otorgar un crédito de 3, 5 y hasta 6 años. De esta manera tus socios no solo les será fácil sumarse a tu programa si sino que además posiblemente desembolsaran menos anualmente que lo actualmente desembolsan adquiriendo tus productos. Esta tasa de interés debe ser lo suficientemente competitiva para que le sea atractivo al cliente, la propuesta de este modelo es que estés de 1 a 2 puntos debajo de la tasa que actualmente maneja la banca en cada uno de los países donde lo aplicaras.

HÉCTOR AGUILAR URIARTE

Podemos resumir que La Cuarta Vía es un modelo de negocio que pretende generar una alianza entre cliente y empresa en la que ambos reciben lo que actualmente demandan. Por un lado ahorro sustancial en el consumo de sus productos o servicios garantizando el abasto en las condiciones actuales y por el otro lado, mantener la lealtad del cliente por 10 años incrementando flujos y utilidad sin necesidad de vender más de manera artificial.

Hasta este punto entendemos que nuestra empresa amplía su abanico de productos es decir, incrementa a sus líneas de productos, los productos que actualmente tememos sumaremos: Cuotas de inscripción al programa, servicios administrativos y Servicios financieros.

Deseo compartirte esta historia con el fin de motivarte para que te conviertas en todo un pionero y apliques este modelo de negocio en tu empresa.

1912 Chicago, Illinois. En aquellos tiempos Chicago, era el centro de la industria carnicera de Los Estados Unidos. Un joven de nombre William Clan quien era fabricante de motores en una fabrica de autos en Chicago, siempre se las arreglaba para dejar el taller y salir en búsqueda de nuevas ideas que le ayuden a mejorar su manera de trabajar.

Clan, se entera que en el matadero de Swift and Co. tenían un nuevo sistema para destazar vacas y cerdos de manera muy eficiente, decide por intuición ir a conocer el matadero y ver como funcionaba el nuevo proceso para destazar vacas y cerdos.

El nombre de este programa se llamaba **"Línea de Desmontaje"**, funcionaba pasando los animales colgados de un gancho lentamente por los carniceros, cada uno de ellos tiene un sólo trabajo, cortar el mismo trozo de carne que le correspondía a cada uno a medida que pasa el animal, vacas y cerdos entran por un extremo y salen por el otro mas rápido que nunca antes.

Si los animales pueden ser desmontados en una línea móvil, como hacerlo al revés para construir automóviles en una *"Línea de Montaje",* pensó William Clan.

La división de tareas y la especialización por áreas fue la pieza que terminó de armar el rompecabezas. Llegó a la fábrica y se lo contó a su jefe en la fabrica de autos. Su nombre Henry Ford.

William Clan invento el proceso de producción en serie y a partir de ahí, Ford inicia su desarrollo industrial.

CAPÍTULO IV

ÓPTICA DEL CLIENTE Y LA EMPRESA

ÓPTICA DEL CLIENTE

¿Qué es lo que el cliente percibe?

¿Qué beneficios, que este modelo de negocios otorga, reconoce el cliente?

Para poder adentrarnos en los beneficios que este modelo le aporta al cliente es fundamental definir la diferencia entre Beneficios y Fortalezas. Es muy común que hoy en día nos confundamos con estos dos conceptos. Nos hemos especializado tanto para vender nuestros bienes y servicios que nos perdemos en esta línea delgada de las fortalezas y beneficios. El ejemplo mas clásico para demostrarlo es ir a comprar una computadora. En todos los lugares donde podemos comprar una computadora los vendedores nos darán toda una cátedra de las fortalezas de la computadora, sin embargo para nosotros es prácticamente otro idioma y no entendemos absolutamente nada, a menos que tengamos un conocimiento mas técnico de estos aparatos.

Cuando un cliente llega a adquirir un bien o servicio, el cliente llega queriendo escuchar sobre los beneficios que éste bien o servicio aportarán a su vida diaria y el vendedor normalmente lo atenderá mostrándole las fortalezas del producto y son prácticamente dos idiomas totalmente diferentes.

El vendedor se emociona hablando de que es un procesador PC Pentium IV con una memoria en RAM de 1GB además que tiene una tarjeta de red Ethernet y con un disco duro de 80 GB y por si fuera poco trae tarjeta de sonido, entrada para USB y unidad de disco compacto.

Mientras el cliente quiere saber si le sirve para hacer unos menús para su restaurante, si es un equipo propicio para casa y si puede conectarse a internet.

Este pequeño ejemplo que nos ayudará a entender mejor el conflicto de lenguaje que podemos tener entre las fortalezas de un programa o producto y los beneficios aterrizados para el cliente, siempre sintonizados o desintonizados por vendedores o promotores técnicos. No olvidemos que el cliente el único lenguaje que habla es el de BENEFICIOS directos para su causa.

A continuación, enumeraré los 5 beneficios que obtiene el cliente en nuestro modelo de negocios La Cuarta Vía.

1. AHORRO DIRECTO. El ahorro directo que tendrá el cliente al adquirir el producto a precio costo del proveedor, suponiendo que en este caso el costo del proveedor es 50% menor al precio publico actual, el ahorro directo del cliente en automático es de del 50%. Me gustaría poner un ejemplo: nuestro cliente adquiere nuestro producto actualmente en $400 y al incorporarse al programa o modelo de negocio de La Cuarta Vía este mismo cliente pagara únicamente $200, es decir, 50% menos al precio que paga actualmente.

2. CONGELAMIENTO DE TARIFA. Además de tener un ahorro del 50% como se expresó en el punto anterior, el cliente tendrá la seguridad y tranquilidad que esa tarifa quedará congelada por el plazo de 10 años, lo que al cliente le traerá mayores ahorros año con año al no verse incrementado su precio final.

3. ABASTECIMIENTO SEGURO. En pocas palabras el cliente garantiza su abasto en 10 años con un ahorro del 50% del precio actual sin necesidad de inventariarse.

4. BENEFICIOS DIRECTOS ADICIONALES. Gracias a su membresía, el cliente gozará de beneficios adicionales que únicamente los reciben este selecto grupo de compradores, gracias a que el presupuesto de la compañía en MKTG es dirigido única y exclusivamente a los clientes de esta membresía. Lo que quiere

decir que el presupuesto de MKTG se distribuye entre el número de socios y se les regresa íntegramente en beneficios que al día de hoy nadie...... NADIE, los ofrece.

Nota. Este ejercicio lo hago en especial para aquellos lectores que están diciendo "sí, claro, un ahorro del 50%, pero no estamos reflejando el valor de la membresía y el costo de mantenimiento y mucho menos la tasa de interés en caso de ser financiado."

Para ellos va esta explicación.

Al finalizar el termino de los 10 años, el ahorro directo al cliente final será mínimo de un 25% y puede llegar hasta el 35%, la variables estarán en los controladores en cada uno de los casos. Así que aun incrementando el costo de activación de la membresía, servicios de mantenimiento a la membresía e intereses, el cliente obtiene descuentos extraordinarios, mas aún si consideramos el índice de inflación para el plazo del ejercicio.

En Resumen.

El cliente ante todo se ve reconocido como un cliente apóstol el cual es invitado a pertenecer a un selecto grupo de "socios" (compradores al mayoreo con contrato a futuro) basado en una membresía que la empresa emite y que esta membresía le dará beneficios segmentados únicamente para Él. Adicional a esto, generará un ahorro significativo en el consumo de este bien o servicio a largo plazo, calculado de entre 30% al 60% de ahorro real, sin necesidad de sobre inventariarse y congelando ese precio a 10 años.

Como puedes ver, el cliente tiene beneficios de manera tangible cualitativos y cuantitativos. Todos estos beneficios le generan valor directo.

ÓPTICA DE LA EMPRESA

La empresa se ve beneficiada por este modelo de negocio de manera irrefutable, entendiendo que cuatro de los principales indicadores se ven favorecidos de manera contundente. Veamos cuales son estos cuatro indicadores.

1. **Lealtad de los clientes.** Es cierto que la lealtad del cliente siempre dependerá de nosotros, sin embargo en estos días tan competidos tu cliente podrá de un día a otro cambiar su fidelidad sin que te hayas enterado o lo que es peor aún, cuando lo sepas será por que ya varios clientes te abandonaron y posiblemente sea demasiado tarde, es a lo que le llamo la lealtad de 24 horas. Tienes día a día que conquistar su lealtad.

   Al tener un contrato firmado a mediano o largo plazo con tu cliente, te da la posibilidad de conservar a ese cliente por el número de años del contrato y en caso de que no hagas las cosas conforme a la expectativa del cliente, el contrato te da la oportunidad de no perderlo y rectificar tu camino. Básicamente lo que el contrato aporta a tu empresa es que en caso de que tu cumplas cabalmente los acuerdos, tendrás la lealtad de tu cliente por el plazo total del contrato y, si no cumples por las razones que sea, siempre tendrás una oportunidad para mantenerlo en tu empresa.

   El contrato no te garantiza la lealtad de tu cliente pero si te garantiza la oportunidad de mejorar antes de perderlo.

   Al conseguir la lealtad de un cliente a 10 años, le otorgas a tu empresa una visión clara a largo plazo, que eso sin duda es el mejor de los beneficios para cualquier empresa.

2. **Incremento en ventas.** He comentado con anterioridad que este modelo de negocio no es un sustituto de la estrategia actual de ventas. Es mas bien una extensión de la estrategia actual de ventas, por lo que este modelo será visto como una unidad de negocio dentro de tu empresa y no será visto como tu empresa en su totalidad. Debes de entender claramente esto, puesto que este modelo no se creo

para sustituir errores comerciales, esta creado para complementar estrategias comerciales exitosas, entendiendo esto, te aseguro que con el modelo de negocio La Cuarta Vía, tus ventas directas sobre este segmento del mercado crecerán 10 veces sobre la venta real anual. Es decir al mismo cliente le potencializas su venta 10 veces en el mismo año lo que ocasiona un crecimiento en ventas del 1000%.

En este punto te puedes confundir en este concepto. No es lo mismo incrementar las ventas de manera artificial sobre inventariando a tu cliente y que tu cliente adquiera una deuda 10 veces mayor a la que paga anualmente y que tú al incrementar la venta, incrementas también tus cuentas por cobrar y tus pasivos con proveedores por lo que si el cliente tiene un mal año, los daños para ambos serán enormes. En este modelo incrementas la venta 10 veces por que cierras la venta y la pactas en un contrato pagadero a 60 meses, pero no comprometes inventarios ni saturas a tu cliente con inventarios por lo que el riesgo disminuye prácticamente a 0. Incrementas también tu portafolio de ventas puesto que ahora venderás además de tus productos, el derecho a pertenecer a un club privado de la compañía, servicios financieros y servicios administrativos en el formato de mantenimiento.

En los próximos capítulos veremos la justificación matemática y financiera sobre este planteamiento, por el momento lo expongo como uno de los beneficios que obtiene la empresa

3. **Mejora en los flujos de efectivo.** La empresa con este modelo de negocio incrementará de manera espectacular sus flujos de liquidez debido a que recibirá en los primeros 5 años el presupuesto total de compra de 10 años lo que ocasionará un incremento directo al flujo de efectivo de manera contundente.

4. **Mejora cuantitativa en los beneficios o utilidades de la empresa.** Las utilidades de la empresa crecerán de manera significativa, ya que podrás doblar el porcentaje de utilidad en la compañía y esto se debe al incremento en tus ventas sin necesidad de apalancamiento con proveedores o adquirir deuda a corto mediano o largo plazo. Optimizar la operación de la empresa a tal punto que tus costos operativos disminuirán hasta llegar a un 10% de tus ventas.

Aunque aparentemente el precio que le demos al cliente será nuestro costo, el ingreso por producto o servicio vendido final a 10 años será de 3.5 a 4.8 veces mas alto que el precio firmado en el contrato. Es decir, si nosotros vendíamos a $200 nuestro producto y nuestro contrato lo hicimos a $100 por que esta cifra representa nuestro costo real. Al final del ejercicio cada producto o servicio entregado nos significara ingresos por la cantidad de entre $350 y $480. Lo que impactará de manera rotunda en nuestros estados de resultados y en los ingresos líquidos de la compañía. Este resultado se obtiene, Simplemente al dividir los ingresos totales percibidos durante este plazo, incluyendo todos los accesorios del programa y de este total que resulte lo dividiremos entre el número de productos entregados al mercado, de esta manera el resultado será la aportación de ingreso por producto vendido y sin duda cuando lo hagas quedaras gratamente sorprendido.

Si bien es cierto que no incrementamos cota de mercado o como nos expresamos de manera coloquial, la rebanada del pastel, si mantenemos la que tenemos y acrecentamos sus beneficios, dicho de otra manera, nuestra rebanada del pastel mucho más grande y apetecible.

Fortalecemos nuestra posición financiera de la empresa y logramos potencializar la fidelidad de este grupo de compradores. Alcanzando utilidades y liquidez jamás antes imaginadas.

CAPÍTULO V

COMO GENERAR VALOR AL CLIENTE. NUEVA FORMA DE APLICAR EL MKTG.

Con La Cuarta vía proponemos un cambio radical en nuestra forma de pensar y de aplicar el presupuesto que tenemos en MKTG y fidelización.

Actualmente la mayoría de las empresas siguen un modelo común y exitoso invirtiendo de manera segura y continua un porcentaje de sus ventas para el área de MKTG, unas empresas invierten un 5%, otras llegan a invertir hasta 15% de sus ventas. Este presupuesto se dirige a generar estrategias diversas, unas para captar nuevos clientes y otras para retener a los que ahora tienen. En la mayoría de las empresas vemos como este presupuesto se va en una serie de acciones comerciales tales como.

Anuncios espectaculares.

Publirreportajes y anuncios en revistas.

Tiempo aire de radio y TV en algunos casos.

Algún espacio en periódicos con influencia en el target de nuestro mercado.

Papelería especial.

Mailing directo.

Redes sociales, entre muchas otras mas estrategias.

El punto es que nada de estos esfuerzos generan valor a nuestros clientes y esto nos coloca en un área muy frágil en cuanto a la preferencia del cliente se refiere. Tenemos pavor de que nuestro cliente se cruce la calle para comprarle a nuestro competidor y por ello invertimos una tonelada de dinero en evitar que se cruce la calle haciéndole ver por medio de la publicidad directa o indirecta lo fuerte y lo atractivos que somos, sin embargo una vez más, eso no ofrece al cliente ningún valor agregado y fácilmente podrá romper el dominio mental que habíamos logrado y cruzará la calle.

¡Claro! me dirán, y ¿nuestro programa de fidelización, no es lo suficientemente fuerte para evitar eso? La respuesta es no. Lamento decirles que el programa de fidelización es necesario pero no es suficiente para retenerlo.

Claro que es una herramienta extraordinaria y bien utilizada te ayudará enormemente, sin embargo hoy en día está comprobado que un programa de fidelización no funciona si el cliente no percibe valor directo agregado, en pocas palabras si todo este programa de fidelización no se refleja en un beneficio importante de manera directa o indirecta.

Para el cliente actual de nada le sirve que en un programa de fidelización de su línea aérea le den puntos y con estos puntos pueda mejorar su asiento o hasta recibir una almohadilla gratis, si al momento de comprar el boleto de avión la competencia tiene una tarifa 50% mejor a la que el cliente encuentra con su empresa fiel, el cliente sin duda optará por el tema de tarifa, serán muy pocos los casos en que aún con lo atractivo de la tarifa de la competencia decidan comprar su boleto con la empresa fidelizada y a estos clientes son precisamente a los que debemos de identificar y orientar a esta nueva cultura y modelo de negocios, todos los demás se irán por el precio sin lugar a dudas.

Para La Cuarta Vía la inversión en MKTG tiene que ser totalmente diferente y orientada a nuestro cliente (socio en matrimonio).

La propuesta es muy simple vamos a destinar el mismo 5% de las ventas de este modelo de negocio y este presupuesto se destinará en gasto directo al socio en matrimonio que le genere valor su contrato y su fidelidad.

Voy a ser mas claro, nos vamos a olvidar de la inversión en publicidad masiva, es más, nos vamos a olvidar de invertir en publicidad y ese presupuesto se lo regresaremos al cliente vía beneficios únicos y para esto voy a aplicar varios ejemplos.

Imagina que tu negocio es una zapatería y el presupuesto de publicidad lo orientaras a 3 cosas directas.

1) Abrir una tienda única y exclusivamente para tus socios en matrimonio, es decir imagina que estar en un centro comercial donde existe una zapatería que no esta abierta al publico solo a socios del programa que tu empresa maneja y claro, todo el producto que esta en el interior es intercambiable por los puntos o productos que tengas en tu programa.

2) El día del cumpleaños de tu socio en matrimonio en lugar de mandarle una tarjeta de felicitaciones, le enviarás un par de zapatos, los mas caros en tu aparador y que sabes son del gusto tu cliente.

3) Ofrecerás una cena/fiesta una vez al mes para socios del programa e invitarás al mejor chef a nivel nacional para que les prepare una cena maridaje con los mejores vinos y contando por supuesto con la presencia de un enólogo experto.

Esas acciones si que le dan valor al socio y créeme que será mas efectiva tu publicidad de esta manera que haciéndolo de manera ordinaria como todos los demás lo hacen.

El cliente no tendrá ningún motivo para abandonarte, porque por un lado, le vendes tu producto a tu costo y por el otro le generas valor a su membresía de socio.

CAPÍTULO VI

FUTUROS vs. FIDELIZACIÓN

Actualmente estamos sentados sobre una ola frenética con dos claras estrategias, una de ellas es la de MKTG y la otra es la de FIDELIZACIÓN.

El objetivo primordial de la estrategia de MKTG es el de generar la sensación de necesidad del producto que se promueve y para ello se invierten cantidades extraordinarias en medios de comunicación masiva por citar una de las otras muchas alternativas. Aquí lo importante es darse a notar y generar en el consumidor la sensación de necesidad del producto o servicio promovido, sin embargo, a nosotros los consumidores este tipo de estrategias no nos aportan ningún beneficio directo. El ver la marca de nuestros zapatos, automóviles, hoteles, etc. en revistas, comerciales de televisión, espectaculares y todo tipo de publicidad ya sea impresa o virtual no nos aporta un beneficio en específico.

Veámoslo así: Tú eres consumidor de una marca específica de camisas de vestir. Y esa marca de camisas es tan fuerte e importante que la puedes ver en las mejores revistas, comerciales de televisión, promociones en redes sociales, bueno hasta en las paradas del metro o camión te topas con la publicidad de tu camisa. Este hecho a tí no te genera ningún beneficio tangible ni directamente proporcional a la inversión tan grande en que se hace en la campaña de MKTG de tu camisa. Lo que posiblemente puede generarte es un sentido de pertenencia y de seguridad pero no te aporta ningún valor directo, tangible y disfrutable para ti. ¿Estamos de acuerdo?

La segunda estrategia en esta ola frenética de inversiones descomunales es la de la FIDELIZACIÓN. Ésta es otra clara tendencia de las empresas líderes del mercado buscar la fidelización de cada uno de los clientes a como de lugar. Los esfuerzos para lograrlo son enormes. Tiene que haber una partida especial que las empresas necesitan destinar en cada uno de sus áreas para poder lograrlo. Todos los esfuerzos e inversión que se accionan se dirigen principalmente a la impresión y distribución de una cantidad impresionante de papelería y de artículos que fidelicen al cliente. Los beneficios para el cliente son traducidos en asensos o usos de el mismo producto que comercializamos sin costo alguno o en intercambio por puntos acumulados y generados por la compras continuas de sus bienes y servicios.

Sin lugar a dudas este modelo si representa beneficios directos a cada uno de los clientes leales a la marca. Los clientes mantienen la fidelidad por los beneficios que reciben a cambio de la lealtad. Sin embargo, son aún muy pequeños estos beneficios en comparación a lo que La Cuarta Vía propone, como modelo de inversión en MKTG y FIDELIZACIÓN.

Lo que **La Cuarta Vía** propone es que todo el presupuesto que MKTG y FIDELIZACIÓN que está dentro del modelo de negocio, es decir, el presupuesto segmentado a este modelo se regrese al 100 % en beneficios directos y tangibles para el cliente. Este modo será sin duda la mejor campaña de mercadotecnia y de fidelización que podamos hacer en nuestra empresa. Sí, exactamente, si nosotros logramos transferir el 100% de nuestro presupuesto de MKTG a beneficios directos para nuestro socio, él sin duda será nuestro mejor generador de publicidad y agente de ventas que podamos contratar, además que su fidelidad se podrá considerar inamovible.

Te invito a repasar la nota que vimos en el capítulo III sobre la segmentación de nuestro cliente para poder determinar su confianza.

Este capítulo toma relevancia puesto que el segmento al que nos dirigiremos es al segmento de los clientes apóstoles.

Clientes con alta calificación en Satisfacción y alta calificación en Lealtad son los clientes que llamamos **Apóstoles.** Estos clientes no solo consumen nuestros bienes y servicios, sino además se encargan de difundir y darle publicidad positiva a nuestra empresa generándonos nuevos clientes. Todas las empresas queremos y tenemos clientes de este tipo, pero por desgracia no los identificamos y mucho menos, sabemos tratarlos y orientar su fidelidad y satisfacción.

La Cuarta Vía, propone en lugar de fidelizar a los clientes y diseñar estrategias para convertir a cada uno de ellos en clientes **Apóstoles.** Propone que seamos y estemos orientados a ese primer grupo el más importante: **Apóstoles.**

¿Porqué a los **Apóstoles**? Muy simple. Porque ellos están felices con nosotros y adquieren los bienes o servicios con nosotros sin interesarles la competencia. A ellos, son a los que orientaremos el modelo de La Cuarta Vía creando el contrato a futuro con cada uno de ellos.

Ahora bien, es muy importante notar la diferencia básica entre la fidelización y contratos a futuro, la cual se basa en estos conceptos.

- Casarnos con nuestro cliente y su lealtad por los próximo 10 años con un contrato a futuro.
- Orientar el gasto de MKTG con beneficios directos, tangibles y medibles para estos clientes
- Ofrecer a este selecto grupo de clientes un precio imposible de mejorar por la competencia, venderles a nuestro costo o incluso por debajo del mismo y congelarlo a 10 años.
- Generar estrategias donde este selecto grupo de clientes goce de beneficios únicos entre cualquier cliente que pudiera haber.

Estas acciones harán en automático que los 3 cuadrantes restantes aspiren a ser parte de este selecto grupo y en lugar de nosotros preocuparnos por conquistarlos, los clientes se orientarán de manera automática bajo un principio básico: ¿Quién puede vender a costo o menos del costo real? Rehenes, Mercaderes y Terroristas aspirarán a obtener estos beneficios que solo se pueden obtener siendo o estando en el cuadrante de Apóstol. Dicho de otra manera se acabó la era del comprador e inicia la era del matrimonio, un matrimonio único, donde ambas partes, el comprador y la empresa, obtienen lo que siempre han buscado.

HÉCTOR AGUILAR URIARTE

CAPÍTULO VII

MODELOS ACTUALES DE CONTRATOS A FUTURO

Hasta ahora ha habido dos tipos de Futuros: el especulativo (apostar sobre valores futuros) y el que cubre riesgos (para comerciantes con divisas); la Cuarta Vía crea una nueva forma de futuros; el contrato a largo plazo entre clientes y proveedores.

Es curioso como este nuevo modelo parecería un cambio de paradigma en nuestros días, sin embargo ya hemos estado conviviendo con este paradigma por varios años, para ser preciso, 40 años.

Estos son algunos de los ejemplos que puedo mencionar como contratos a futuro en nuestros tiempos.

- o Comprar una propiedad a plazo.
- o Comprar un carro a plazo.
- o Arrendar un carro.
- o Compras de noches anticipadas en buscadores internacionales.
- o Compra a futuro de producción de vino o productos agrícolas.
- o Tiempos compartidos.
- o Control y cobertura de tipo de cambio.
- o Inversiones bursátiles.
- o Gimnasios. (Pagas anticipado y te ahorras dinero)
- o Colegiaturas en colegios. (Pagas anticipado y te ahorras dinero)
- o Seguros de vida, autos, médico.
- o Servicios funerarios.

Todos estos ejemplos son una muestra de contratos a eventos futuros, unos simples y otros mas complejos, unos a largo y otros a corto plazo, pero todos y cada uno de estos ejemplos aplican el modelo de compras a futuro, sin embargo ninguno de ellos tiene el conocimiento del verdadero valor y poder del modelo de ventas a futuro, por que todos y cada uno lo aplican de manera diferente de acuerdo a las necesidades de cada una de sus áreas o empresas, sin embargo en las demás áreas siguen siendo tan viejas y obsoletas como muchas de las empresas que ahora subsisten, cabe señalar que son modelos exitosos y mas efectivos de lo que nos podemos imaginar. Ninguno de estos modelos existentes de contratos a futuro aplican el modelo de **La Cuarta Vía**, no han potencializado el efecto matemático del cambio de paradigma.

Podrás notar que si haces una búsqueda de contratos a futuros en el internet o en librerías, se resumen a protección cambiaria, inversiones bursátiles y venta de comodities, no hay nada sobre como aplicarlos o aterrizarlos a nuestras empresas.

Ahora te hago una lista de algunas áreas en las que el modelo se puede aplicar de manera exitosa y rápida.

- o   Tiendas departamentales
- o   Hotelería
- o   Asesorías de todo tipo
- o   Venta de servicios de todo tipo
- o   Venta de artículos al menudeo
- o   Venta de artículos al mayoreo
- o   Estadios de equipos importantes
- o   Venta de Hardware y Software
- o   Líneas aéreas
- o   Mobiliario en general
- o   Arte
- o   Venta de Tecnología
- o   Industria Automotriz
- o   Vivienda
- o   Moda

HÉCTOR AGUILAR URIARTE

Además que este concepto esta a un en pañales tan solo tiene 40 años de presencia en el mercado, esta es otra de las razones por la cual insisto en la importancia en adoptar el paradigma puesto que este modelo ira en crecimiento y el concepto de contratos a futuros se convertirá en un tema tan natural como hoy conocemos el termino de compra y venta.

CAPÍTULO VIII

TIPOS DE EMPRESAS Y PRODUCTOS AFINES A ESTE MODELO

El modelo se puede aplicar a cualquier tipo de empresa, así como a cualquier nicho de mercado, producto o servicio siempre y cuando la empresa cuente con el perfil adecuado para aplicar el modelo, hay aspectos fundamentales cualitativos que cuidar y observar en nuestra empresa para saber si podemos aplicar el modelo de La Cuarta Vía.

El perfil adecuado de empresas para aplicar el modelo de matrimonio a mediano o largo plazo con sus clientes actuales o nuevos, es muy definido, estas son las 8 características indispensables que debe tener la empresa para ser un perfil adecuado para este nuevo modelo de negocio.

1) Tener en el mercado por lo menos 20 años. Este punto es fundamental, puesto que el mercado ya debe tener confianza en ti y en tu producto o servicio, si eres una empresa nueva, será muy difícil que te ganes el principal indicador, CONFIANZA. En cambio cuando tu ya llevas un largo camino recorrido y mas de 20 años al servicio del público tu cliente entenderá que una apuesta a 10 años es totalmente lógica por que te avala la permanencia en el tiempo.

2) Tener un producto o servicio altamente demandado por el cliente. Es claro que si tu producto o servicio es fácilmente sustituible, eres totalmente vulnerable y tu capacidad de permanencia en el mercado será de muy alto riesgo, en cambio, si tienes un producto o servicio que de alguna manera solo tu lo tienes favorece y facilita que tu cliente acepte una propuesta de matrimonio a 10 años.

3) Gozar de un prestigio y capital comercial. Si has sabido invertir en tu cliente y has sido una empresa solvente y transparente, con una eficiente gestión administrativa, de riesgos y conflictos, un manejo adecuado de tu mercadotecnia y programas de fidelización de clientes, estas diferenciado en el mercado y te reconocen como líder en tu área; Entonces es un buen momento para capitalizar ese prestigio por que tu cliente creen en ti, recuerda que el principal ingrediente en este modelo de negocio se llama CONFIANZA. Con ella todo, sin ella nada.

4) Contar con canales actuales de venta adecuados y exitosos. Esto es fundamental, por que no puedes pensar que este modelo sustituirá a su sistema actual de ventas y mucho menos que es una solución a una ineficiente gestión de ventas. Tu empresa debe estar funcionando adecuadamente para que este modelo entre como un generador adicional a la estructura que ya tienes.

Es decir. Si tienes tiendas, tendrás que implementar este modelo como si abrieras una tienda nueva sin que afecta el resto de tus tiendas y medirla de manera independiente a las demás. Si tu negocio es el mayoreo entonces este modelo lo tendrás que implementar como un vendedor mas en la empresa, en pocas palabras deberás de implementarlo y medirlo como una unidad de negocio independiente a las que tienes actualmente.

Sin lugar a dudas en 10 años este modelo se consumirá todas tus formas de ventas y comercialización posible, pero para que esto suceda, necesita iniciar sin una carga impositiva fuera de la dimensión real del proyecto.

5) Tener soporte económico para subsistir los 2 primeros años en la implementación de este modelo. La implementación del modelo no es costosa, siempre que utilices la estructura actual que tienes. En la implementación de este modelo el primer año te generara un déficit en el flujo de efectivo de esta unidad de negocio, puede inclusive extenderse a dos años, lo que si te puedo garantizar es que después de estos dos primeros años los ingresos que tendrás serán de tan magnitud que tu orden financiero se vera altamente retado por la abundancia que el modelo de negocio generara.

6) Empresas con productos o servicios con baja volatilidad en precios. Mientras más controlado tengas tus costos y manejo de precios a largo plazo, mas clara será tu posibilidad de éxito. Te voy hacer una reflexión.

Piensa en 5 productos que actualmente consumas con regularidad. Pueden ser, hoteles, vestimenta, vuelos, algún tipo de servicio, computadoras, etc. Y por favor hazte esta pregunta, ¿Cuánto costaban estos productos o servicios hace diez años?, compáralos con el valor actual, ¿Cuál es tu resultado?

A mi me da mucha risa cuando hago este ejercicio tomando como ejemplo la hotelería. Todo el mercado tiene la percepción de que ahora es mas caro un cuarto de hotel cuando en realidad es mucho mas barato hoy en día después de 10 años y lo que es peor, esta tendencia se mantendrá para los siguientes 10 años. Cada vez será mas fácil encontrar hoteles y serán mas baratos que lo que estamos pagando ahora.

Volviendo a tu ejercicio, estoy seguro que muchos de los ejemplos que pusiste son mas baratos ahora y otros tal vez sean mas caros pero solo de manera marginal, puesto que el valor es mejor al incremento de precios al consumidor en el plazo de 10 años.

Si tu empresa esta dentro de esta carrera competitiva de precios, el modelo de La Cuarta Vía es un modelo muy adecuado para hacer rendir al máximo tus capacidades. Si no lo es y dependes de un segmento de mercado muy diferenciado a capricho de pocos consumidores y una alta volatilidad de precios, el modelo puede no ser tan útil.

7) Visión clara a 10 años. Este elemento es sin duda clave para el éxito del modelo, por que tanto tu como tu comprador deben tener en claro permanecer en el mercado compitiendo con el producto que actualmente venden. Es decir, si eres una zapatería, debes de preguntarte si piensas que estarás en el mercado cuando menos 10 años mas, si la respuesta es positiva, deberás verificar con tu clientela Apóstol, si ellos estarán de acuerdo en favorecerte con su preferencia por los próximos 10 años. Por que de alguna manera la afirmación sería. Si han estado conmigo 20 años, ¿Por qué no estarían otros diez años más? Es curioso como cuando afirmamos algo así, podemos sentir incertidumbre del futuro, pero hemos estado en este nicho por 20 años, es normal sentir esa ambigüedad sin embargo es fundamental tener clara esta visión mínima a 10 años con lujo de detalle.

Te quiero poner ejemplos de fidelidad a largo plazo en mi vida personal.

En los últimos 10 años yo he consumido del mismo proveedor lo siguiente.

Computadoras Mac
Tienda departamental Nordstrom
Telefonía celular ATT
Banco, Wells Fargo
Licores, Varios
Relojería Rolex y Cartier
Tienda especializada en artículos de oficina, Office depot
Tienda de Mayoreo, Costco
Marca de café, Nespresso

Estas empresas se han modernizado y adaptado de tal manera que no necesito cambiarlas y mi credibilidad hacia ellas es muy alta, por lo cual en mi caso, si me dan altos beneficios adicionales a los que a la fecha recibo con ellas, sin duda alguna firmaría un matrimonio a 10 años y con mas razón si de ese matrimonio me puedo salir en cualquier momento si no me siento cómodo.

Ahora cuales son los que yo he cambiado en 10 años.

Hotelería
Renta de carros
Restaurantes
Bares
Líneas aéreas
Mobiliario en general
Arte
Aparatos de telefonía móvil
Automóvil

Supermercados
Asesorías legales
Asesorías contables
Vivienda

8) Analiza tu incremento en costos en los últimos 10 años, si tu incremento de costos es mayor a un 30% no eres perfil. La tendencia del mercado es la disminución de precios en bienes y servicios. Contéstate que precios hoy en día son mas económicos que hace 10 años. Hagamos una lista.

Noches de Hotel
Vuelos
Tarifas de camiones
Taxis
Ropa
Computadoras
Automóviles
Hamburgesas
Fragancias

Todos estos bienes y servicios tienen en común denominador que han bajado el precio comparado a 10 años o en su defecto el incremento de su precio es menor al índice de precios al consumidor acumulado en 10 años. De cualquier manera estos bienes y servicios son mas económicos hoy en día que hace 10 años.

Ahora hagamos una lista de los bienes o servicios que han incrementado su precio en los últimos 10 años.

Gasolina
Servicio de cable
Televisores
Productos de la canasta básica
Marcas muy muy exclusivas.
Oro
Diamantes
Acero
Cobre

Podremos darnos cuenta que la mayoría de los bienes y servicios ahora después de 10 años son mas económicos. Lo que obliga a preguntar, ¿Qué pasará en los próximos 10 años?

¿Cuál es la tendencia de mi producto o servicio en los próximos 10 años?

¿Cómo ha sido el comportamiento de tu competencia en los últimos 10 años?

CAPÍTULO IX

COMO ATERRIZAR EL MODELO A TU EMPRESA O PRODUCTO

Para poder aplicar este modelo de negociación en tu empresa es importante antes que nada que cuentes con una reconocida trayectoria y con un prestigio indudable. El principal ingrediente, y lo he repetido varias veces durante todos los capítulos anteriores para poder aplicar este modelo de negocios, se llama CONFIANZA. Sin ella es imposible aplicar con éxito este modelo de comercialización.

Es necesario además que tu producto y/o servicio cuente con los ocho pasos evolutivos que el mercado ha marcado en los últimos 200 años. Así que es necesario que tengas palomeadas cada una de estas tareas con las que el mercado ha obligado a los empresarios a prepararse para ser competitivos.

CONTROL DE ABASTECIMIENTO
ADMINISTRACIÓN EFECTIVA DE TUS RECURSOS
DIFERENCIACIÓN EN EL MERCADO
DISTRIBUCIÓN EFECTIVA
MKTG
CREACIÓN DE MARCA
COMERCIALIZACIÓN EN INTERNET.
FIDELIZACIÓN

Es fundamental que tu empresa tenga estos 8 pasos cumplidos, por que de lo contrario deberás primero trabajar en consolidar estas 8 etapas antes de querer implementar La Cuarta Vía en tu empresa.

Partiendo del principio que cumples ya con los 8 pasos evolutivos del mercado, empezaremos por conocer los pasos para implementar el modelo en tu empresa.

A continuación vamos a ver los diez pasos para aterrizar el modelo y como ejemplo vamos a tomar una zapatería para ejemplificar cada uno de los pasos. Me atrevo a aplicar este modelo y ejemplo por que es al que mas tiempo de estudio le he dedicado para su aplicación.

Hagamos un ejercicio que nos ayudará a entender mejor el modelo y como funciona.

Vamos hacer un ejercicio basado en una zapatería exitosa.

Vamos a suponer que nuestra empresa es de segunda generación, tiene en el mercado mas de 20 años, estamos totalmente consolidados y gozamos de gran prestigio en el mercado. Nos caracterizamos por tener las mejores marcas y las más demandadas en la actualidad, es decir, hemos hecho nuestra tarea a la perfección estos últimos 20 años. Contamos con una cadena de tiendas que están en diferentes ciudades del país y en la ciudad matriz contamos con 8 zapaterías. Nuestras finanzas son sanas y nuestra trayectoria impecable.

Sacamos al mercado nuestro modelo de contrato a futuro Bleu Key ofreciendo en este contrato lo siguiente:

o   Compra anticipada de 50 pares de zapatos a 10 años, pudiendo redimir 5 cada año.
o   El precio costo al cliente será de $200 cuando el precio en aparador es de $450
o   El cliente podrá ir cada año por sus 5 pares de zapatos o en su defecto por el valor de $2,250 en productos de nuestra tienda, cuando su costo real al cliente es de $ 1,000.
o   Pertenecer a la primera generación fundadora de clientes o socios BK de la zapatería con todos los beneficios adicionales que esto pueda significar.

1) **Segmentar clientes e identificar a los Apóstoles.**

Identificaremos lo que llamamos clientes Apóstoles.

Estos clientes son aquellos que han mostrado alta calificación en Satisfacción y alta calificación en Lealtad.

Son todos aquellos que en los últimos años han mostrado una fidelidad hacia nuestra zapatería y que además gozamos de una excelente relación con ellos debido a su satisfacción hacia los productos y servicios que ofrecemos.

A este tipo de cliente no le importan las ofertas o promociones genéricas y es difícil que nuestra competencia nos los quite. En todas las empresas tenemos clientes así.

A este grupo de clientes es a los que les ofreceremos pertenecer y adquirir la membresía con el contrato a futuro, debido a que su lealtad y satisfacción nos hacen suponer que contamos con su confianza.

2) **Identificar el producto o servicio que cuente con las características para el modelo.**

No todos los productos o servicios son adecuados para el programa, sin embargo mientras mas flexible sea para el cliente la oferta mas éxito gozarás con el modelo. Es sumamente importante que si no están todos los productos incluidos, los tengamos identificados desde el principio para evitar malos entendidos con nuestro futuro socio del programa.

3) **Crear un espacio dentro de la estructura de la compañía para el modelo de La Cuarta Vía, aprovechar los recursos que actualmente se tienen e identificar los que no se tienen y habrá que conseguirse.**

Es de suma importancia que el modelo inicie exactamente igual como si abriéramos una tienda más. De hecho, es una unidad de negocio nueva y así debe ser tratada. La diferencia en esta tienda es que nombraremos a una persona como líder del proyecto. Esta persona será la encargada de armar y desarrollar todo el programa para sacarlo a la venta y darle el seguimiento draconiano debido.

4) Desarrollar el modelo financiero del programa.

Antes de salir al mercado, deberemos tener perfectamente armado nuestro plan de negocios con las proyecciones financieras a 10 años, además de identificar los 5 principales indicadores del programa.

- Activaciones mensuales
- Nivel de fondos en seguridad y MKTG.
- Cobranza
- Costo del producto.
- Costos e ingresos de Accesorios.

En este punto quiero recordar las palabras de un maestro que tuve en el IESE en el seminario de Gestión de Proyectos Jauma Rivera y siempre insistía en dos cosas fundamentales que debemos aprender y cuidar en cada uno de nuestros proyectos.

a) Todo cuadra en una hoja de Excel. No hagamos tanto caso a nuestras hermosas proyecciones por que en una hoja de Excel podemos ponerle lo que queramos que salga, seamos objetivos y rígidos en nuestros criterios de éxito.

b) Los resultados sin lugar a dudas no serán los que proyectamos en nuestra hoja de Excel. Aprendamos a cuando hacemos un proyecto tratar de dar un margen para mejorar el pronostico del proyecto. Lo que trato de decir es que si proyectas que el resultado sea 8.75 date un margen y cuando lo presentes preséntalo de entre 8.5 a 9. De esta manera será mas efectiva nuestra predicción de resultados.

5) Desarrollar el modelo legal donde entrara el proyecto dentro de nuestra empresa, así como el tipo de contrato que realizaremos.

Contamos con un modelo de contrato que puedes solicitar a info@ bleukey.com y que con gusto te enviaremos. Puedes utilizarlo en conjunto con tus asesores legales para que le hagas los ajustes pertinentes a tu empresa.

En nuestro ejemplo de la zapatería, haremos un contrato donde nuestros clientes comprarán por anticipado 50 pares de zapatos que podrán ser canjeados a razón de 5 pares al año o su equivalencia en valor.

6) **Diseñar la estrategia comercial para comunicar a nuestros prospectos la creación del modelo de negocio.**

Identificaremos en este momento como ofreceremos nuestra membresía. Siguiendo con el modelo de la zapatería. La idea será hacer una cena con maridaje de vinos únicamente con los clientes apóstoles. A esta cena traeremos al mejor chef de México y a la mejor bodega de vinos. En esta cena el o la directora de la empresa explicará brevemente de que se trata la membresía y en cada lugar existirá un pequeño tríptico informativo. Este será el único objetivo de la cena: garantizar que nuestro segmento Apóstol esté enterado de esta membresía.

Sin ser novedad, sucederá lo que siempre sucede:

Habrá un porcentaje de Clientes al que no les interesará en lo absoluto.

Otro porcentaje mostrará interés pero no moverá un dedo para pedir información.

Y por último, un porcentaje muy reducido nos mostrará interés en el programa.

Este porcentaje pequeño de clientes además de llamarles Apóstoles serán Pioneros en nuestro programa y por ese pequeño detalle podrán contar con beneficios que ningún otro cliente tendrá. La posibilidad de sumarlos y convertirlos en socios del programa será muy fácil y este pequeño grupo de socios pioneros serán además nuestra primer plataforma de MKTG.

Cada una de nuestras Zapaterías tendrá la campaña comercial y nuestro personal estará capacitado para atender y explicar a cada persona interesada de cómo funciona la membresía. Mientras esto sucede, nuestro líder del proyecto se sentará a platicar en persona con cada uno de los clientes que participaron en la cena, solo con el fin de ampliar la información e invitarlo a participar sin ningún hacer mención de nada que tengan que pagar.

De esta manera iniciará oficialmente nuestra campaña de afiliación de nuestros clientes Apóstoles.

7) **Creación de los 10 mandamientos del nuevo Marketing.**

Sin duda, esta es una de las principales herramientas de éxito, puesto que esta unidad de negocios acumulará el 5% de las ventas para una partida especial de MTKG. Pero no el marketing que todos conocemos. Este presupuesto estará comprometido a generar valor para nuestros socios afiliados.

Un ejemplo muy claro es la cena, nuestros clientes prefieren hoy en día ser invitados a una cena que ver un espectacular en la avenida principal.

Siguiendo con nuestro ejemplo de la Zapatería, estas son las acciones que se harán con este presupuesto.

Cenas trimestrales para clientes Apóstoles.

Fiestas privadas para socios del programa.

Obsequio significativo en cumpleaños y aniversarios (botella de champaña, un par de Zapatos, etc. Cualquier producto que genere alto impacto al recibirlo.)

Apertura de una tienda única y exclusiva para socios del programa. En esa tienda todos los productos y no solo zapatos son productos que podrán ser adquiridos por el socio de la membresía con su contrato, sin costo adicional. Claro que nadie tiene acceso a esta tienda, solo los socios del programa que tenemos.

Estas acciones sin duda no solo diferenciarán y fidelizarán sino que además generarán una publicidad muy efectiva en el mercado.

8) **Inicio de la campaña de venta de las membresías.**

A partir de este momento es cuando oficialmente inicias el programa de ventas y la expansión de ventas debido a que ya lograste afiliar a tus apóstoles y crear una estructura sana. Ahora es cuando inicia el proyecto de ventas oficial de clientes continuos con otra segmentación y prospectos que jamás han sido tus clientes, pero quieren pertenecer a este privilegiado grupo de compradores al mayoreo.

Continuando con el ejemplo para este capítulo: Una zapatería líder en el mercado que esta interesada en implementar este modelo de negocio a su clientes segmentados como apóstoles.

Después de entender y tener claro los 8 pasos a seguir para la implementación del modelo hagamos el ejercicio matemático para ver los resultados directos a la zapatería, A continuación vemos las bases de cada una de las premisas con las que haremos el ejercicio, es decir. Estas ocho premisas son las bases para entender el ejercicio y el resultado que obtendremos del mismo.

Empecemos con estas 8 premisas para nuestro ejercicio.

Significado de las siguientes siglas.

PVP	Precio de venta al publico.
VPP	Valor del producto pagado realmente por el cliente a 10 años
PVBK	Precio de venta para congelado a largo plazo para miembros BK.
TI	Tasa de interés.
CA	Cuota de activación.
CM	Cuota de mantenimiento, manejo o maniobra de cuenta.
CP	Costo del producto.
AA	Activaciones anuales.
PM	Pago mensual del socio.
AC	Aportación por cliente.
CRC	Costo real para el cliente.
FS	Fondo de seguridad.

1) PVP en aparador por cada par $450 (el precio en nuestro aparador al día de hoy)

2) PVBK futuro X10 años $200 (el precio al cual el cliente adquiere y congela su paquete de 50 pares de zapatos a 10 años)

3) 5 años de financiamiento (en caso de requerir financiamiento el cliente, nuestro modelo tiene considerado el apoyarlo con el crédito que requiere.)

4) TI Tasa de Interés del 7% (tasa que cobraremos anualmente al cliente por el crédito. Ojo: esta tasa es solo un ejemplo para que sea competitiva)

5) CA Cuota de Activación de $450 (Valor de activación para que el cliente pueda ser miembro de este exclusivo grupo de compradores al mayoreo)

6) CM Cuota de Manejo de cuenta $ 75 mensuales (esta cuota es la cuota que cobraremos de manera anual o mensual, partiendo de la base que como le estamos vendiendo al costo nuestro producto, solo le cobraremos su parte proporcional del servicio ofrecido para cumplir con nuestro contrato)

7) CP Costo del Producto $200 (este es el costo de nuestro producto actualmente.)

8) AA Activaciones Anuales 5 activaciones mensuales con un crecimiento anual del 20% en activaciones. (el modelo de activaciones o venta de membresías considerando un crecimiento anual mínimo del 20%)

9) PM Pago mensual por socio $382

Ahora analicemos el resultado obtenido a 10 años.

Basados en las premisas anteriores y el cumplimiento de las mismas, haremos un viaje en el tiempo y analizaremos como esta compañía estará en los próximos 10 años o en su defecto los resultados que le aportará La Cuarta Vía a su empresa.

Estos son los resultados finales del ejercicio.

Inputs: (ingresos obtenidos, efectivo recibido) $ 40,000,000

Outputs: (egresos totales durante el ejercicio) de entre 20,000,000 y 23,0000,000

Utilidad bruta: (antes de impuestos) de entre 17,000,000 y 20,000,000

Liquidez: (efectivo disponible) $ 9,500,000 + $ 5,967,000 generados en el fondo de seguridad.

PVF Precio de venta final de cada par de zapatos, es decir la aportación de ingreso por cada par de zapatos entregado al cliente de entre $629 a $817

AC Aportación por cliente a la empresa: $ 26,000.

CRC Costo real para el cliente al final del ejercicio de entre $ 250 a 260 incluyendo los valores de activación, mantenimientos e intereses.

PMRC Presupuesto de MKTG real a cliente 1,574,260

FS Fondo de seguridad líquido, es el fondo para garantizar la operación del modelo $ 5,967,000 claro esta cifra es adicional a la de la liquidez obtenida en el ejercicio.

Esto es el ejemplo de la aplicación del modelo a 10 años, ahora bien, no te preocupes si hasta el momento no es del todo claro, permíteme seguir explicando el modelo y hagamos unas matemáticas simples para poder ejemplificar y explicar mas claro el poder del modelo y el cambio de paradigma.

EJEMPLO SIMPLE CON MATEMATICAS SIMPLES.

Vamos a continuar con el mismo ejemplo de Zapatos de marca exclusiva.

MODELO CLIENTE SR. MARTINEZ RESULTADOS DEL PRIMER AÑO	MODELO ACTUAL	MODELO BK	
DATOS			
VALOR ACTUAL DEL PRODUCTO	$ 450.00	$ 200.00	⬇
VTA DE ZAPATOS EN ESTE AÑO AL SR. MARTINEZ	10	100	⬆
ENTREGA DE ZAPATOS POR AÑO	10	10	➡
COSTO DEL ZAPATO	$ 200.00	$ 200.00	➡
COSTO DE LOS 10 PARES	$ 2,000.00	$ 2,000.00	➡
VENTA E INGRESO DE ACCESORIOS			
MEMBRESIA	0	$ 450.00	⬆
MANTENIMIENTO	0	$ 750.00	⬆
INTERES ANUAL	0	$ 1,400.00	⬆
INGRESO ANUAL POR MENSUALIDADES	0	$ 4,000.00	⬆
RESULTADOS			
VENTA EN MONTO ESTE AÑO AL SR. MARTINEZ	$ 4,500.00	$ 20,000.00	⬆
UTILIDAD EN LA OPERACIÓN ANUAL	$ 2,500.00	$ 18,000.00	⬆
INGRESOS FLUJO ANUAL	$ 4,500.00	$ 5,592.00	⬆
VALOR DE CADA PAR DE ZAPATOS PARA EL SR. MARTINEZ CON TODOS LOS CARGOS Y ACCESORIOS	$ 450.00	$ 279.00	⬇
NIVEL DE RIESGO ABASTECIMIENTO		0%	

El nivel de riesgo es el nivel de abastecimiento para los 9 años restantes del contrato

DEBEMOS ENTREGAR EN 9 AÑOS		
NUMERO DE ZAPATOS A ENTREGAR		$ 90.00
COSTO POR ZAPATO		$ 200.00
VALOR POR ENTREGAR	TOTAL	$ 18,000.00
VALOR DE MANTENIMIENTO DE LA MEMBRESIA		$ 750.00
INGRESOS ANUALES POR PAGOS MENSUALES CON INT		$ 5,400.00
INGRESOS DE MANTENIMIENTO A 10 AÑOS		$ 7,500.00
INGRESO DE 4 AÑOS DE MENSUALIDAD CON INT.		$ 21,600.00
	TOTAL	$ 29,100.00
	DIFERENCIA	$ 11,100.00

Ahora te explico en las siguientes líneas la tabla que te presenté y que concentra todos los resultados.

Primero veamos la óptica del cliente.

Valor de cada par de zapatos en aparador $ 450

Compra anual de pares 10 pares.

Compra a 10 años 100 pares.

Precio especial por contrato a futuro. $200 por par.

Ahorro directo inmediato al cliente $250.

Con estos datos podemos concluir

A) El cliente gasta $4500 al año para comprar 10 pares y que con el contrato firmado para pertenecer al club probado de esta marca gastará solo $2000 al año. Lo que le representa un ahorro de $2,500 directo al bolsillo del cliente.

B) El cliente para poder ser miembro de este club deberá pagar $450 por concepto de activación de membresía.

C) Se le hará un cargo anual al cliente por concepto de mantenimiento de la membresía de $750. Esta está totalmente justificado puesto que el proveedor ya no percibe un solo dólar de utilidad del cliente por margen de utilidad al darle al costo el producto. Ese monto anual es para atender al cliente y administrar y suministrar los pares de zapatos que haya adquirido, además de soportar los costos directos por la o las tiendas que se abran para socios.

D) El total a pagar será de $20,000 pre compra de calzado + $450 activación + $750 de primer año de mantenimiento. Eso nos lleva a un total de $21,200. La venta de ese año de incrementa de $4,500 a $21,200.

Esto se podrá pagar de varias formas. La primera es contado 100% o crédito a 5 años con tasa de interés al 7% o un mixto de estas dos alternativas de pago.

Vamos a suponer que el cliente nos paga la activación y el mantenimiento de contado y el paquete de zapatos le damos un crédito a 5 años con la tasa del 7%.

E) El cliente pagará 60 pagos de $466 o 72 pagos de $ 394. Dependiendo si el crédito lo quiere a 5 ó 6 años.

F) El monto total que pagará el cliente con todo y los accesorios de activación, mantenimiento e intereses será de: $35,910 en el caso de crédito y $ 27,950 en caso de contado lo que significa que en el primer escenario cada par le saldrá en $359 y en el segundo $279.

En ambos casos el ahorro sigue siendo muy interesante para el cliente.

Veamos ahora la óptica de la compañía.

Al proveedor le representa bajo el modelo tradicional una venta de $4,500 por cada cliente que le compre 10 pares de zapatos al año y una utilidad bruta de $2,500 al año por cada cliente que le compre 10 pares al año. Cabe señalar que suponiendo que el cliente siga siendo fiel le significara a la zapatería el mismo resultado por los años que el cliente le sea leal.

Aplicando nuestro modelo, este mismo cliente significa para la compañía una venta el primer año de $21,200 lo que significa un crecimiento de ventas en ese año de 4.7 veces. En el caso de utilidades, este cliente le significa a la compañía la venta de $ 21,200 menos el costo del producto para entrega de ese año que es de $2000 por lo que para la empresa la utilidad de ese cliente en ese año será de $19,200 lo que significa una utilidad bruta de 90%

NIVEL DE RIESGO: Lo que ven marcado como nivel de riesgo al 10% es el porcentaje de riesgo de desabasto en el producto comprado a futuro, dicho de otra manera, ¿Con qué garantizas que le podrás abastecer a tu cliente los 10 años del contrato sus 100 pares de zapatos?. Estoy seguro que te hiciste esta pregunta y también te estás haciendo esta otra pregunta: ¿Qué pasará con los 9 años restantes del contrato del socio para surtirle sus 90 pares de calzado restante?.

Bueno pues la respuesta es simple, aún sin suponer que optimizaremos los costos de nuestros productos, concluimos que le debemos aún al cliente 90 pares de zapatos, a $200 de costo cada par necesitamos $18,000 para poder cumplir nuestro compromiso con el cliente.

Revisemos nuestros números y veamos el monto que nos ingresará por el concepto de intereses en 5 años: entre $ 8,480 y $ 8,904 Ahora, revisemos el monto que recibiremos por los 10 años de mantenimiento $ 7,500. Un total de $ 16,100 promedio, esto significa que tenemos seguros 80 de los 90 pares de calzado que tenemos que entregarle al cliente, con el solo ingreso de los intereses y el mantenimiento anual para cubrir la diferencia de los diez pares que hemos venido manejando del fondo de seguridad que está considerado dentro del modelo y que este fondo nos permitirá salir y cubrir los pares faltantes para el contrato.

Y por último, si esto lo potencializamos y logramos tener 1,000 socios en nuestro modelo de ventas futuras. Las cifras y los flujos serán tan grandes que te darán el poder de compra en cualquier tipo de producto.

Lo mas impactante del modelo es que no es un modelo inflacionario, es decir, no se trata de incrementar la demanda basándonos en un incremento en la producción, todo lo contrario, manteniendo la producción actual y las ventas actuales, optimizaremos nuestros resultados financieros de manera extraordinaria.

En este momento te das cuenta que el paradigma aprendido de 2 + 2 = 4 es un paradigma que no nos permite potencializar nuestros beneficios. El Nuevo paradigma es: 3-3 x 10 = 16,000

CAPÍTULO X

¿ES PIRAMIDAL?

¡Adiviné! ¿Correcto? esta es una de las principales preguntas o aseveraciones que te salieron basadas en tu paralasis paradigmática.

Si deseas sáltate este capítulo, te lo ahorro diciéndote que no es piramidal por que el ingreso se basa en la venta a crédito y en la cobranza de la misma. Los socios no deben traer mas socios para que ellos ganen. Si no te es suficiente pues te invito a leer el capítulo.

Empezaré por explicar que existen dos modelos en lo que posiblemente quieras encuadrar el modelo y que sin lugar a dudas no aplica para ninguno de los dos tipos de modelos de ventas.

1) MARKETING DE REDES.

Marketing de redes también es conocido como multinivel, este modelo se basa en la comercialización de bienes y servicios por medio de una red de vendedores independientes que reciben sus ingresos o comisiones por la venta directa al consumidor o de manera indirecta al invitar a mas personas a formar parte de la red y ganar sobre la venta de su propia red. Cabe aclarar que en este modelo la base de los ingresos de los integradas de cada una de las redes esta basada en la venta directa de bienes y servicios y no por la expansión de la red.

2) VENTA PIRAMIDAL.

La venta piramidal consiste en sumar al mayor numero posible de personas a tu red y los ingresos son directamente proporcional a las cuotas que las nuevas personas aportan para unirse o subirse a la red en lugar de generar los ingresos gracias a la venta de bienes o servicios a los consumidores finales.

Todas estas estructuras son ilegales y son parte de nuestra vida diaria, es por ello fundamental no solo explicarla si no dejar muy claro que nuestro modelo es totalmente ajeno a estos modelos de comercialización. Existen otras maneras de nombrarlas y aquí les pongo algunos de los nombres mas populares de estas ventas piramidales.

Cartas en cadena.
Bolas de nieve.
Ventas en cadena.
Juegos de dinero.
Ventas por referencia.
Loterías de inversión.

No olvídenos que la línea que divide el modelo legal del ilegal se basa en que la retribución a cada uno de los integrantes de las redes creadas este basado en la venta de bienes o servicios a diferencia de las cuotas por pertenecer a determinada red. Dicho de otra manera, la legalidad esta en que los ingresos se generen por la venta de bienes o servicios. A diferencia de las ventas piramidales que generan los ingresos para sus integrantes por la incorporación de mas personas a la cadena de venta o red de venta basándose los ingresos de ellos y los siguientes integrantes de las redes en cuotas para pertenecer a la red sin importar si estos aporten ventas o no.

A continuación te presento dos aspectos claves para que puedas diferenciar una empresa de marketing de redes legitima de una estructura de venta piramidal ilegal.

1) ¿Cómo está estructurado el ingreso de la empresa?

Si los ingresos de la empresa se basan en la venta de bienes o servicios por medio de los vendedores de la empresa o red, no existe una actividad ilegal o piramidal, a diferencia de que si los ingresos de la empresa se basan principalmente de las contribuciones realizadas por los vendedores directos, independientes y no existe una actividad económica auténtica.

2) Como esta estructurado el ingreso de los miembros de la empresa o red.

Cuando los ingresos de los vendedores son directamente proporcionales a la ventas de bienes o servicios, la actividad generada será totalmente legal, en cambio si los ingresos de los vendedores es directamente proporcional de la gente y cuotas que incorporan a la red, esta actividad y ejercicio es total y absolutamente piramidal e ilegal.

Aquí te comparto un par de links donde podrás profundizar en el tema y entender aún mas claro en caso de necesitarlo.

http://www.dsa.org/selling/pyramid.htm

http://www.dsa.org

Tenga en cuenta que las pruebas legales para considerar la venta piramidal (o estructuras descritas de forma similar) no son las mismas en todos los países europeos y todavía existen pruebas legales específicas en cada país. Se espera armonizar las pruebas legales de tal prohibición y hacerlas coherentes en toda la Unión Europea por medio de la adopción de la Directiva sobre prácticas comerciales desleales, la cual se encuentra actualmente en proceso de adopción en la normativa y legislación nacional de cada Estado miembro de la UE, aunque hay reservas al respecto. Hasta entonces, la comparación anteriormente realizada sobre la venta piramidal y el marketing de redes son principios generales, es decir, pueden existir otros factores específicos de un país determinado que deban tenerse en cuenta al profundizar en esta cuestión.

CAPÍTULO XI

NIVELES DE RIESGO

La gestión de riesgos en nuestros proyectos, se basa en el manejo y control de la incertidumbre a las amenazas que enfrentamos al desarrollo de cada proyecto, las estrategias que desarrollamos para el manejo y mitigación del riesgo nos llevan a disminuir, transferir o desviar el riesgo a otra área o sector.

Existen dos tipos de riesgos a los que nosotros nos enfocaremos.

EXTERNOS E INTERNOS

Ambos son importantes de manera equitativa, es fundamental cuidar cada uno de estas dos áreas de riesgo para poder gozar de un éxito rotundo con este modelo de negocio que propone La Cuarta Vía.

Deseo comentar que existe mucha literatura sobre la gestión de riesgos en los proyectos sin embargo no dudo en recomendarles el seminario que ofrece el IESE en España basado en gestión de proyectos, y en especial el modulo de gestión de riesgos impartido por mi maestro Jauma Ribera. será si duda una herramienta extraordinaria para medir y cuantificar los factores de riesgo en tu proyecto.

Estos son los factores de riesgo que he podido analizar hasta este momento y sin lugar a dudas habrá mas, sin embargo considero correcto decir que estos representan un 80% de los riesgos que enfrentaremos al implementar el modelo.

EXTERNOS

Son aquellas amenazas que impactan sin que nosotros los provoquemos o generemos y que existen basados en el ejercicio del marco actual de referencia del mercado y que debemos analizar y controlar al máximo para el éxito del proyecto.

Vemos algunos ejemplos de riesgos externos:

Volatilidad del precio en nuestros productos. Recordemos que la tendencia del precio es a la baja o por lo menos por debajo del índice del precio al consumidor, por lo que todo incremento de precio ocasionado por efectos del incremento en costo pondrán en alto riesgo la permanencia de nuestro proyecto.

Volatilidad de la demanda de nuestros productos. Tratar a medida de lo posible de que el producto o servicio que vamos a ofrecer en nuestro programa no tenga el riesgo de salirse del mercado y generar un cambio en el paradigma de consumo. A medida de lo posible que nuestro bien o servicio pueda estar vigente en los próximos 10 años.

Credibilidad nuestra en el mercado. Hoy en día las redes sociales son la mejor o peor herramienta para crear o destruir un mito, en un modelo como el que vamos a implementar no existe la posibilidad alguna de perder un punto en el indicador de confianza de nuestros consumidores. Es decir, será un verdadero reto solucionar de manera creativa todos y cada uno de los incidentes que tengamos en la aplicación del modelo de manera exitosa. En un modelo de este tipo no se permite subestimar a ningún problema por pequeño que parezca.

Volatilidad en el abastecimiento de nuestros productos. Debemos de estar totalmente seguros de contar con el soporte de nuestro proveedor con el fin de evitar riesgos en el abastecimiento. Estos riesgos se pueden dar por varias causas.

Materia prima.
Contratos de uso de marca.
Capacidad de producción instalada.

Para disminuir los riesgos en este renglón sugerimos siempre tener un plan B para enfrentar cualquier contingencia.

Volatilidad del tipo cambiario en caso de existir. Si nuestro producto trae implícito el uso de dos monedas o mas, se recomienda dos alternativas

a) Manejar el contrato y los valores al tipo de cambio de nuestro origen del producto.
b) Hacer un contrato a futuros amarrando el tipo de cambio cada año, de esta manera el desfasamiento en caso de existirlo será en periodos anuales.

INTERNOS

Son todos aquellos que implican un seguimiento directo al modelo de negocio que de no llevarse acabo este modelo se convierte de manera automática en un monstro de las mil cabezas y devorara sin lugar a dudas la empresa sin importar el tiempo y el prestigio en el mercado, dicho de otra manera son los riesgos que nosotros podemos controlar y evitar.

Los principales indicadores que deberás de cuidar para disminuir considerablemente tus riesgos son:

Inicio planeado y exitoso de ventas de la membresía.

Es fundamental que cual el modelo BK salga al mercado este perfectamente desarrollado para evitar fugas o desmotivaciones dentro del equipo y entre los clientes que tengamos, por que estas fugas se conviertes en lápidas difíciles de remover. Para ello se necesita crear una o varias sesiones de prácticas con clientes potenciales.

Al momento que salgamos al mercado debemos tener todo preparado y controlado de manera que el mercado absorba de manera segura nuestro modelo. No hay margen para errores en esta etapa.

Mantener el crecimiento anual proyectado en ventas de membresías.

El mantener el crecimiento anual de ventas prevista es tan importante debido a que el modelo lo podemos ejemplificar con el despegue de un gran avión, el impulso inicial para el despegue es el que le permitirá mantenerse en vuelo de manera estable, utilizando esta analogía, los dos primero años y la ejecución del modelo estos dos primeros años son la pista para el despegue de nuestro proyecto, así que como hace unos años un asesor mío me solicito que le diera un seguimiento draconiano a la cobranza, yo les digo que tendrán que darle un seguimiento draconiano a el proyecto de ventas diaria.

Nota. Seguramente se preguntan que es draconiano........... les contestare de la misma manera que mi asesor me contesto cuando le hice la misma pregunta. NO SE. EN LO ABSOLUTO, me contesto y continuo, pero suena muy contundente o no? Así que, así quiero el seguimiento.

El origen de la palabra Draconiano.

*Draco o **Dracón, un legislador ateniense del siglo VIII a.C. famoso por su crueldad**, que fue encargado de redactar el código penal. La legislación draconiana castigaba casi todos los delitos, hasta los más leves, con la pena de muerte.* (http://www.muyinteresante.es/cultura/arte-cultura/articulo/ide-donde-viene-la-palabra-draconiano)

Costo de nuestro producto.

A medida de lo posible debemos de tratar de evitar que nuestros costos se incrementen mas del 30% en los 10 años del modelo debido a que impactara de manera directa en nuestro fondo de seguridad.

Lo podemos evitar de dos maneras, utilizando el excedente de liquidez que tengamos para nosotros también crear contratos a futuro con nuestros proveedores o anticipando pagos directo a un fondo para nuestro proveedor para el desarrollo de nuestra demanda.

Venta de la idea del programa a los integrantes del equipo.

Si bien es cierto que es fundamental que el mercado tenga la confianza en nosotros para el éxito en la aplicación del modelo de negocio, también es fundamental que nuestro equipo de trabajo acepte de manera contundente este nuevo modelo de negocios que traerá a todo el equipo beneficios al corto y largo plazo. Venderle la idea a nuestro equipo es mucho mas importante que venderle la idea al mercado.

Generación y manejo del Fondo. (fideicomiso). Dentro del programa existe una partida especial que se llama fondo de seguridad o de reserva, este fondo se acumula ahorrando el 20% de los ingresos totales de esta unidad de negocios, el objetivo primordial es evitar que el modelo se convierta en piramidal. Este fondo no se deberá tocar por ninguna circunstancia excepto cuando la certificadora BK lo autorice sin generar un riesgo piramidal.

Distribución del presupuesto de MKTG dirigido 100% a los socios del programa. Sera muy tentador incluir el presupuesto que se genere de MKTG de esta unidad de negocio a los esfuerzos generales de la compañía. Si esto se hace, será un grave error. El presupuesto de MKTG debe ser asignado única y exclusivamente para generar valor a los socios de la membresía.

Control en la satisfacción de los integrantes al programa. Así como debemos de medir la confianza y satisfacción de los socios al programa debemos de medir la satisfacción del equipo que participa en el proyecto. Es por ello que existe un fondo interno que se distribuye entre los participantes directos del programa, para generar satisfacción, confianza y lealtad en nuestro equipo de trabajo.

CAPÍTULO XII

CERTIFICACIÓN BLEU KEY

A este punto tu tienes tres alternativas por hacer.

La primera es cerrar el libro y no aplicar el modelo en tu empresa y dejarlo solo como una teoría interesante que jamás sabaras si hubiera tenido efecto en tu organización.

La segunda es aplicar el modelo basado en la lectura de este libro y seguir cuidadosamente todos los consejos que aquí contienen.

Tu tercer alternativa es contactarnos para ayudarte a aterrizar este modelo de negocios siguiendo todas y cada una de las reglas y políticas del modelo para garantizar el éxito del mismo, contamos con una certificación Bleu Key que te dará derecho a utilizar el nombre y logo de la certificación con el fin de transmitirles a tus clientes la seguridad y tranquilidad que ellos requieren.

Que beneficios tienes con la certificación.

1) **La certificación es completamente gratuita.**
2) Somos la única entidad en el mundo que podemos certificar este modelo puesto que lo hemos creamos nosotros y conocemos sus

alcances y riesgos además que contamos con todos los registros de marca y obra intelectual necesarios.

3) Tu cliente tendrá la total confianza en firmar con tu empresa por lo que tu has hecho en el mercado y por que nosotros garantizaremos con la certificación la correcta aplicación del modelo a la empresa.

Que recibes por la certificación.

Estudiaremos tu empresa, producto y trayectoria para ver si aplica para la puesta en marcha del modelo Bleu Key y de esta manera tendrás con total certeza si es tu empresa perfil adecuado para este modelo.

Adiestraremos a tu equipo de trabajo y te asesoraremos en caso de necesitar contratar mas equipo humano, ayudándote en su totalidad a aterrizar el modelo de negocio a tu empresa

Supervisaremos mensualmente los principales indicadores del sistema y crearemos un consejo de administración para su seguimiento.

Tu recibirás un certificado con el que avalamos que cumples y cuidas todos los aspectos necesarios para el arranque y operación del mismo, así como el cierre del modelo en caso de necesitarlo sin poner en riesgo a los clientes y a la empresa.

Tendrás el derecho al uso de nuestro logotipo y marca que garantiza la certificación.

Participaras en los talleres semestrales sobre la aplicación del modelo en las diferentes empresas que esta implementado, con la ventaja de recibir feedback de las empresas ya activas en el sistema.

La Cuarta Vía es una obra literaria registrada bajo el numero.
03-2014-102112322300-01

Bleu Key es una marca registrada

Puedes escribirnos a info@bleukey.com